Renate Biller • Und Gott existiert doch!

Renate Biller

Und Gott existiert doch!
Warum Richard Dawkins nicht recht hat

Weltanschauliche Fragen und Antworten

FOUQUÉ PUBLISHERS NEW YORK

Copyright ©2010 by Fouqué Publishers New York
Originally published as *Und Gott existiert doch! Warum Richard Dawkins nicht recht hat.Weltanschauliche Fragen und Antworten, 2009*
by August von Goethe Literaturverlag

First American Edition
Printed on acid-free paper

Library of Congress Cataloging-in-Publication Data
Biller, Renate
[Und Gott existiert doch! Warum Richard Dawkins nicht recht hat. German]
1st American ed.

ISBN 978-0-578-07980-6

INHALTSVERZEICHNIS

Vorwort – Einführung 8

Ursache und Wirkung 13

Eine kleine Geschichte 15

Religion und Gott 24

Die wissenschaftliche Grenz 30

Der Rationalist 47

Welt, Geist und Entwicklung...................................... 51

Visionen als Gehirnsoftware 64

Gesetze, Ordnung und Feinstofflichkeit 81

Ein Leben im Jenseits 99

Der Erlösungstod Jesu 120

Die Evolution und ihre Erben 122

Kinder und Religion – oder die geistige Freiheit. 134

Die Entwicklung des Glaubens 145

„GOTT" die unfaßbare Dimension 157

Schlußwort 163

Quellenhinweise 165

„Auslöschung kennt die Natur nicht;
sie kennt nur die Verwandlung.
Alles was die Wissenschaft mich gelehrt hat
und immer noch lehrt, stärkt meinen Glauben
an die Kontinuität unserer spirituellen Existenz
nach dem Tode."

Wernher von Braun in: Die Enden der Parabel

Vorwort – Einführung

„Warum es keinen Gott gibt!"
Die provokanten Thesen des Wissenschaftlers und Bestsellerautors Richard Dawkins

So lautete die groß aufgemachte Schlagzeile der deutschen Zeitschrift „Stern" vom September 2007; sicher auch für eine schöne Auflage sorgend, da das Thema schließlich alle angeht und von allgemeinem Interesse ist.
Das im Jahre 2006 in London herausgegebene Buch „Der Gotteswahn" von Richard Dawkins sah man auch bei uns, ausgerechnet zur Weihnachtszeit 2007, auf den besten Plätzen in den Schaufenstern der Buchläden präsentiert, und so ist es gar nicht verwunderlich, daß dieses Werk auch in Deutschland für einige Aufregung sorgt. Mut hat er schon, dieser Dawkins, Themen anzufassen, an die sich bisher niemand so recht heranwagte. Dieses Werk enthält durchaus alte Verkrustungen aufbrechende Denkanstöße, andererseits wird wieder einmal das Kind mit dem Bade ausgeschüttet; auch ist der provokative Inhalt (R.D. läßt garantiert keine Schmerzgrenze aus) sehr dazu angetan, wegen seiner unverblümten, religionsfeindlichen Aussagen, die Anhänger wahrscheinlich *aller* religiösen Gruppierungen in Aufruhr zu versetzen.
... Gut für den Verfasser, ist dieses Buch doch für viele offenbar so anregend, daß es binnen kurzer Zeit zum „Bestseller" aufsteigen konnte.
Nach Dawkins' Überzeugung leistet sein Werk zur Bewußtseinserweiterung der Menschen einen wertvollen Beitrag! Dieser These kann man sich nicht ganz verschließen, hält es doch dazu an, sich eingehender mit

dieser Thematik zu beschäftigen. Möglicherweise aber auch mit dem für Dawkins sicher unerwünschten Effekt, daß er damit eine Lawine der Solidarität lostritt, selbst bei jenen, die manchen Glaubenssätzen schon kritisch gegenüberstehen.

Aber das ganze Getöse zeigt uns doch, wie sehr dieses Thema die Gemüter in aller Welt bewegt; und vielleicht stößt dieses Buch eine längst fällige Auseinandersetzung an, das wäre nun wiederum sehr dankenswert!

Ich will nicht leugnen, daß auch mich die provozierende Schlagzeile der schon erwähnten Zeitschrift Stern *„Warum es keinen Gott gibt"*, vor allem wegen der Sicherheit, mit der diese *sehr gewagte* Behauptung schon wie eine Tatsache hingestellt wird, auf die Palme gebracht hat; allerdings mit dem Resultat, daß ich natürlich ebenfalls zum guten Umsatz mit dem Kauf des erwähnten Buches beitrug. Viele Thesen in diesem Werk schreien ja geradezu nach einer Richtigstellung, denn es wäre eine ebenso große Provokation, wollte man die Behauptung „Gott existiert nicht!" einfach so stehen lassen. Einer muß ja dagegen angehen, und so habe ich mich entschlossen – Empörung beflügelt –, mich dieser nicht gerade einfachen Aufgabe anzunehmen.

Ein Bild will nicht weichen ... Ein Riese steht siegesgewiß auf einer Anhöhe und blickt spöttisch auf einen kleinen Menschen hinab, der gerade seine selbstgemachte Schleuder in Position bringt und ... nur Mut, nur Mut! ...

Ich fühle mich bei der ganzen Sache zugegebenermaßen ein bißchen wie „David gegen Goliath" ..., aber wir wissen ja, wie die Geschichte ausging! ...

9

Es ist wie fast immer in diesen Dingen: Es fehlt in allem jene Klarheit, die nur in der *Einfachheit* zu finden ist.
Schon reibt sich das Dunkel die Hände, weil es uns Menschen nicht gelingt, trotz langer religiöser Tradition und unbestreitbar großer wissenschaftlicher Erkenntnisse, eine Klärung auf einem festen Fundament herbeizuführen und deshalb alles wiederum nur in Meinungsverschiedenheiten, in Wirrnis und Zersplitterung enden muß.
Daß es hier eine Klärung gegeben hätte zugunsten von Dawkins' Überzeugung, daß *Gott nicht existiert*, muß rundweg bestritten werden.

Als bekennender Atheist zieht der Autor aus allem Geschehen seine eigenen Schlüsse und setzt seine Erkenntnisse geschickt ein, um seinen Mitmenschen zu beweisen, daß für einen aufgeklärten freidenkenden Menschen, wissenschaftlich gesehen, der Atheismus eigentlich ein Gebot unserer Zeit ist.
Auf Grund der Ausführungen in Dawkins' Buch fühlt sich eine englische Zeitung zu folgendem Kommentar veranlaßt:

Hier ein Zitat im Cover „Der Gotteswahn"

> „Der Glaube an eine übernatürliche Macht kann keine Grundlage für das Verständnis der Welt sein und schon gar keine Erklärung für ihre Entstehung. Wir brauchen keine Religion, um dem Universum und dem Leben mit Ehrfurcht zu begegnen."
> (Guardian)

Diese Aussagen provozieren bereits den ersten Einspruch, denn ohne, ich würde lieber sagen, *„überirdische"* Macht gibt es schon gar keine wirklich überzeugende Erklärung für die Entstehung der Welt.

Dieses Thema werden wir noch eingehend in Augenschein nehmen.

Natürlich, um „Ehrfurcht" vor der Großartigkeit der Natur und des Lebens zu empfinden braucht man keine „Religion".

Aber wie ist es: Brauchen wir auch keinen Gott?

Seltsam ist es doch, daß schon das ausgesprochene Wort „Ehrfurcht" selbsttätig, als wäre es eine magische Formel, eine Verbindung zum Ursprung sucht.

Wer kennt es nicht, wenn uns die unendlichen Weiten des Alls in ihren Bann ziehen, wenn wir staunen über die unzähligen Sterne oder über ein Blümchen in seiner vollkommenen Schönheit, wenn wir dem Zauber einer Landschaft erliegen, kurz, wenn uns die „Wunder" der Natur im Innersten berühren; das sind dann jene Momente, wo Menschenklugheit zur Seite tritt und der Weg freigegeben wird für eine reine Empfindung, die uns die „Größe Gottes" ahnen läßt. Da empfinden wir plötzlich, wie klein der Mensch doch ist, wir werden demütig und vielleicht auch dankbar, und „Ehrfurcht" steigt in uns auf.

Deutet der Inhalt des Wortes nicht auch den Vorgang an? *Ehre* und *Furcht*. Wem geben wir denn die Ehre, wenn ... nicht Gott? ... Der Milchstraße die Ehre zu geben, auf diese Idee wird wohl niemand kommen!

Und nur im Erahnen der *unnahbaren Größe Gottes* ist die erste Empfindung auch „Furcht!"

11

Dawkins geht in seinen Erläuterungen davon aus, daß es *keinen* Schöpfer geben kann. Wir sind jedoch anderer Meinung und lassen uns davon nicht beeindrucken, sondern stellen die Frage einmal umgekehrt:

Wenn Gott nun tatsächlich der Ursprung und die Grundlage allen Lebens ist, was dann? Kann uns denn ein Verständnis dieser Welt und ihrer Entstehung jemals werden, wenn wir die Ursache außer acht lassen?

(Man sieht hier schon das eigentliche Dilemma.) Es ist ja gerade so, als wäre man Gast in einem Hause, in dem man sich gemütlich einrichtet, alles darin Gebotene für sich in Anspruch nimmt, aber von dem *Erbauer des Hauses* nichts wissen will, der einem dieses alles großzügig überläßt und auch noch dafür sorgt, daß es seinem Gast an nichts fehlt. Von einem Dank einmal ganz zu schweigen. Was soll man von einem solchen Gast halten? Vor allem aber – wird man den Ursprung des „Hauses" auf solcher Basis je ergründen können?

Hier wollen wir gleich einmal festhalten, daß der Mensch an der Entstehung dieser großartigen Welt nicht den geringsten Anteil hat, sondern nur dessen Nutznießer ist: ein Gast eben!

Erfordert der Bau eines Hauses nicht auch zunächst eine Idee (des Bauherren)? Der Architekt fertigt einen Plan, und dann gibt es Bauleute, die diesen Plan ausführen.

Das spräche schon *für* die Existenz Gottes!

Ursache und Wirkung

Grundsätzlich gesehen gibt es keine Wirkung ohne Ursache. Ein universales Prinzip! – Denn auch die Wissenschaft wird nicht leugnen können, daß die Grundgesetze in der ganzen Welt die gleichen sein müssen. Nur steht sich das heute angewandte wissenschaftliche Denken in manchen Dingen, bildhaft gesprochen, selbst im Weg.

Zitat, Sir John Polkinghorne „Gott ist das Letztgültige". Textauszüge aus einer Rede:

> ... „ein zweiter Grund: Es wurde vielfach bemerkt, daß Leben auf Kohlenstoffbasis unmöglich wäre, wenn die Naturgesetze und -konstanten, wie wir sie beobachten, nur geringfügig anders wären. Ich stimme hier mit dem Philosophen John Leslie überein, daß dies kein bloßer Zufall ist, sondern es entweder viele Universen mit ganz unterschiedlichen Naturkonstanten gibt und unseres die Existenz von Menschen zufällig möglich gemacht hat, oder daß unser Universum gezielt geschaffen wurde."

Das wollen wir einmal im Gedächtnis behalten.
Gewiß, man ist bemüht, die Ursache für das entstandene Leben zu erforschen, macht aber immer an der Grenze der Grobstofflichkeit halt, man könnte auch sagen, man bleibt immer im Irdischen stecken, ohne einmal einen Blick hinter die „Kulissen" zu riskieren und schließt dabei automatisch das „Wesentliche" aus. Die Folge davon ist, daß die Wissenschaft auch keine Lösung hat und immer noch größte Verwirrung herrscht in den wichtigsten,

existentiellen Fragen, deren Beantwortung für uns schon aus Gründen der Verantwortung wichtig ist. Und daher bedürfen sie auch unbedingt einer Klärung.

Es **muß** eine Lösung in der Frage geben: Existiert ein Schöpfer, oder ist die Welt aus dem Nichts entstanden? Entweder ist er oder er ist nicht!

Die Existenz Gottes ist das zentrale Thema für uns Menschen, denn aus dieser Erkenntnis ergibt sich auch alles andere.

Nachdem wir uns angewöhnt haben, die Welt nur von rationalen Gesichtspunkten aus zu beurteilen, ist es 2000 Jahre nach Christi Geburt für viele Menschen nicht so leicht, einfach und kindlich nur zu glauben, denn unser irdisches Werkzeug, der *Verstand*, läßt das nicht mehr zu, nachdem wir ihn über das natürliche Maß großgezogen haben. Auf den Verstand können wir in dieser Frage nicht bauen, da er selbst, von seiner Beschaffenheit her, nur grobstofflich ist und daher nur *Irdisches* erkennen kann. Deshalb muß Wissenschaft, die sich ausschließlich auf den Verstand stützt, scheitern. Scheitern in Fragen, die weit darüber hinausgehen! Aus diesem Dilemma kann uns deshalb nur ein Erkennen der in der Schöpfung wirkenden Gesetze wirklich weiterhelfen, was dann auch dem Verstand zugänglich ist, der sich dann jedoch auch nicht mehr als Herr aufspielen kann, sondern als „Werkzeug" des Geistes *dienen* muß.

Eine kleine Geschichte

Dawkins: / Motto des Tages!
Aus dem Vorwort:

> „Meine Frau ging als Kind nie gern zur Schule, und sie wäre am liebsten ganz ausgestiegen. Erst viele Jahre später, als sie schon über zwanzig war, ließ sie ihre Eltern wissen, wie unglücklich sie damals gewesen war. Ihre Mutter fragte sie entsetzt: Aber Liebling, warum bist du denn nicht gekommen und hast es uns gesagt? Lallas Antwort ist mein Motto des Tages: ‚Ich wusste nicht, dass ich das gedurft hätte‘."

Dem Motto, daß alles hinterfragt werden sollte, kann man sich uneingeschränkt anschließen, wir dürfen und wir sollten! Denn eigenes Prüfen ist ja nicht nur erlaubt, sondern auch zwingend notwendig. In Würdigung von allem, was uns in Religionsunterricht und Schule gelehrt wurde, darf dennoch selbständiges Denken und Empfinden nicht ausgeschlossen werden.
Wahrheit muß jeder Prüfung standhalten!
Zu meiner großen Verblüffung titulierte man mich schon einmal als ... aha, ein „Freigeist".
Darin schwang ein klein wenig Hochachtung und gleichzeitig – die erlaubt sich einfach, anders zu denken, da muß man von vornherein mißtrauisch sein! Lächerlich, nicht wahr? Warum sollte das ehrenrührig sein, wenn man offenen Auges und freien Geistes durchs Leben geht? Halten wir uns also lieber an Jesu Wort in Joh. 8/12 „Wer sucht, der findet!" *Geistig* frei zu sein empfinde ich ebenso wie Richard Dawkins als durchaus erstrebenswert und betrachte es als

ein hohes Gut, was eine freiwillige Bindung aus *Überzeugung* ja nicht ausschließt und deshalb um so wertvoller sein kann. Wissenslücken erfordern aber immer *blinden* Glauben! Auf einer so unsicheren Grundlage ist es deshalb schwerlich möglich, daß „Glaube" auch zur *Überzeugung* werden kann.

Eine kleine Bemerkung nebenbei: „Geist" ist nicht gleich „Verstand".

GB „Im Lichte der Wahrheit"
Auszug: Kap. „Erwachet"

> „So mancher Mensch wähnt dann, an solchen Stellen muß der Glaube als Ersatz genommen werden, wenn logisches Denken keinen Anhalt findet. Das ist falsch! Der Mensch soll nicht an Dinge glauben, die er nicht begreifen kann! Er muß suchen zu verstehen; denn sonst reißt er das Tor für Irrungen weit auf, und mit den Irrungen wird auch die Wahrheit stets entwertet.
>
> Glauben, ohne zu begreifen, ist nur Trägheit, Denkfaulheit! Das führt den Geist nicht aufwärts, sondern drückt ihn nieder. Deshalb empor den Blick, wir sollen prüfen, forschen. Der Drang dazu liegt nicht umsonst in uns."

Und ... Glaube und Wissen – das muß nicht zwangsläufig ein Widerspruch sein.

GB = Gralsbotschaft „Im Lichte der Wahrheit" ABD-RU-SHIN

Es sind gerade die *Lücken im Wissen*, die zum Beispiel auch Richard Dawkins die Möglichkeit verschaffen, recht erfolgreiche Fischzüge in eigener Sache zu unternehmen. Was bei größerem allgemeinen Wissen nicht so leicht möglich wäre!

Wie oft schon versuchte man, dem „Ursprung der Welt" mit hochentwickelter Technik und Satelliten zu Leibe zu rücken, bisher vergeblich.

Schlagzeilen wie diese lesen wir des öfteren in Zeitungen:
Sind wir allein im Kosmos?
Können wir irgendwann den Mars besiedeln? Wie wurde unser Universum geboren?
Rund 90 (Weltraum-) Missionen sind heute dabei, die unendlichen Weiten des Weltalls zu erkunden – und Antwort auf ewige Fragen zu finden!
Immer schärfere Geräte ermöglichen uns heute ein Schauen immer neuer Welten im Mikro- und Makrokosmos, was dann und wann auch einmal „Wissenschaftler" in Ehrfurcht auf die Knie zwingt.
Die Wissenschaft stellt Gleichungen an, arbeitet mit Formeln und Erfahrungswerten, wie sie in dem Buch von Richard Dawkins reichhaltig angeführt werden, für und gegen die Existenz Gottes, wobei die Belege *für* die Existenz Gottes, wie der Autor selbst sagt, natürlich etwas dürftig ausfallen, ist es doch schließlich das Ziel des Schriftstellers, das Gegenteil zu beweisen.
Wenn Richard Dawkins auf Grund seiner Betrachtungen ein Gegner der Religion geworden ist und aus dem religiös motivierten Fehlverhalten der Menschen den Schluß zieht, *daß es keinen Gott gibt*, weil, wie er meint, die Ursachen der Fehlerhaftigkeit in dem "Gotteswahn" liegen, ...

so stimmt seine Gleichung nicht ganz, ... denn das würde ja voraussetzen, daß das, was Menschen innerhalb der jeweiligen Religionsgemeinschaft tun, auch gleichzeitig von Gott so gewollt sei und alles immer im Einklang mit dem *Gotteswillen* geschähe.

Wenn das so wäre, könnte von einem „vollkommenen Gott" natürlich nicht gesprochen werden.

(Die Werke jedoch, die wir sehen, das vielfältige, großartige entstandene Leben, müssen aber Vollkommenheit vermuten lassen!)

Also stehen diese beiden Ansätze in krassem Gegensatz!

Wir nehmen einen anderen Ausgangspunkt als R.D. und gehen in unseren Betrachtungen einmal davon aus, daß Gott existiert und vollkommen ist, dann müssen auch seine Werke vollkommen sein. Wenn diese *Vollkommenheit Gottes* sich mit den Werken der Menschen nicht in Einklang bringen läßt, so muß hier logischerweise einmal ein gedanklicher Schnitt vollzogen werden.

Wenn Menschen nicht so handeln, wie man es erwarten dürfte von einer Gemeinschaft, die fortwährend darauf hinweist, daß sie als „Diener Gottes" auch den *direkten Draht* zu Gott besitzt, so ist das wohl mehr oder weniger für alle Religionsgemeinschaften zutreffend. Das sollte aber auch die Bemühung nach sich ziehen, nach *seinem* „Willen" zu handeln!

So müssen selbstverständlich alle erkennbaren, auf diesem Feld begangenen Fehler automatisch auf Gott mit zurückfallen und ihn *unvollkommen* darstellen!

Groß ist hier unsere Verantwortung, und doppelt vermessen ist es, *unser* Versagen auch noch dem Schöpfer anzulasten.

Wir alle wissen, wie schnell Irrtümer entstehen können, ist etwas nicht richtig erkannt oder verstanden. Und diese werden dann auch noch als vermeintliche Wahrheit von Generation zu Generation weitergegeben und überliefert. Lücken im Wissen werden einfach mit von Menschen Erdachtem gefüllt. Oft ist es schlicht Machtstreben, das zu Auswüchsen im Handeln führt, *gegen die klaren Gebote Gottes!* Von bewußter Fälschung oder Weglassung soll hier nicht gesprochen werden, aber auch das kann nicht ganz ausgeschlossen werden.

Es sind unbestreitbar auch in der Bibel, im Neuen Testament, auffallende Widersprüche zu finden. Aber das ist ja erklärlich und darin begründet, daß das Erlebte von damals von *Menschen* aus deren Erinnerung erst viele Jahre nach dem gewaltsamen Tod des Gottessohnes niedergeschrieben wurde. Nach so langer Zeit ergaben sich natürlich aus den Schwächen des Erinnerungsvermögens und durch mögliche Mißverständnisse Fehler in der Überlieferung.
Da der Gottessohn Jesus viel in Bildern gesprochen hat, ist die Bibel aber auch als ein Buch mit geistigen Bildern zu betrachten; und deshalb kann der eigentliche Wert dieser Aussagen nur aus dem Verständnis geistiger Gesetze erfolgen. Viel schwieriger noch ist es mit dem Alten Testament. Diese Zeit steht unserer heutigen Lebensweise sehr fern, und die Inhalte sind zum Teil nicht gerade leicht verständlich. Da es aber die religiösen Anfänge des Judentums waren, mit wahrscheinlich ganz anderen Notwendigkeiten als heute, ist es schon denkbar, daß sich hier noch viel Erziehungsarbeit widerspiegelt; und doch müssen auch hier Gesetzmäßigkeiten zu finden sein. Wer

kann schon von sich sagen, daß er alles darin Gesagte wirklich *richtig* versteht? Bei intensivstem Studium der Bibel wie auch anderer geistiger Bücher ist das wohl eher die Ausnahme. Ein kleines Beispiel kann das verdeutlichen.

Es ist nicht leicht, den Sinn der Geschichten und Sprüche im A.T. und auch im N.T. korrekt einzuschätzen, aber aus dem Blickwinkel der in der Schöpfung wirkenden Gesetze möglich.

Hier nehmen wir einmal eine der bekanntesten Zitate des alten Testamentes:

> *Ex.21,23-25* „So sollst du geben Leben für Leben, Auge für Auge, Zahn für Zahn."

So sprach auch Jesus von dem gleichen Gesetz, als er sagte: „Wer das Schwert säet, wird durch das Schwert umkommen." Deutlich wird hier auf das Gesetz der *Wechselwirkung* hingewiesen, auch genannt das Gesetz von: „Ursache und Wirkung", von „Saat und Ernte".

Ebenso läßt sich auch die folgende Niederschrift einordnen:

> *Bibel 5-Moses 32,35 / Römer 12,14:* „Die Rache ist mein, spricht der Herr, *ich* will vergelten."

Sicher werden auch heute noch diese biblischen Aussagen als Rechtfertigung für so manche fanatische Tat benutzt. Nicht wenige sprechen auf Grund solch unverstandener Aussagen (wie auch R.D.) von einem *rachsüchtigen Gott!*

20

Dabei wird auch hier nur eine *Gesetzmäßigkeit* widergespiegelt im Sinne von: „Die Rache ist mein". Das besagt: Übe *DU* keine Rache, sonst machst du dich selber schuldig.

„Ich will vergelten", das heißt: Meine in der Schöpfung wirkenden Gesetze tun das, sie geben dem Menschen in absoluter Gerechtigkeit als Ernte zurück, was er säet.

Schon diesen Beispielen entnehmen wir, daß die Gesetze Gottes nicht nur in der Liebe, wie *wir* sie uns heute vorstellen, bestehen, sondern daß Reinheit und unbestechliche Gerechtigkeit ein Teil der Gottesliebe sind!

Wenn in *unserer* Gerichtsbarkeit ein Mensch für seine Taten einstehen muß, dann finden wir das durchaus in Ordnung. Schon aus erzieherischen Gründen wird ein Täter einer Sühne zugeführt. Das empfinden wir als gerecht, notwendig und nützlich. (Wenn das Urteil auch gerecht ist!) Warum sollte das bei Gott nun anders sein? „ Wer das Schwert säet, wird das Schwert ernten." Man kann diesen Ausspruch doch gar nicht anders auffassen als eine gewichtige Mahnung! Das Beispiel läßt deutlich erkennen, daß die Gottesliebe etwas anders sein muß, als es in menschlicher Fehleinschätzung oft dargestellt wird: Ohne Sühne, weichlich, alles verzeihend. Solch falsche Liebe müssen wir wohl eher uns Menschen zuschreiben, eine aus Bequemlichkeit entstandene Schwäche, die sich mit „Vollkommenheit" keinesfalls vereinbaren läßt. Ist das Unrecht gesühnt, so ist es bei Gott auch vergeben, im Gegensatz zum Menschen, der einmal verübte Taten, auch wenn sie schon längst abgebüßt sind, dem Täter ein Leben lang vorhält.

Jedenfalls hat die süße Weichlichkeit, die man Jesus Christus andichtet, keinerlei Berechtigung. Denn All-Liebe ist fordernd, herb und streng, sie erzieht und gibt dem Menschen das, was ihm *nützt*!

Alles in allem liegt die Unzulänglichkeit bei uns Menschen, nicht bei Gott!

Dann ist es auch wohl eher so, daß alles, was bei uns Menschen in falschen Bahnen läuft, in dem *freien Willen* der Menschen begründet ist, wir können ja schließlich tun, was wir wollen; aber dennoch können wir uns der Verantwortung und den Folgen unserer Handlungen nicht entziehen.

Wenn es also so etwas wie Wechselwirkung gibt, wenn es Gesetze gibt, die grobstofflich nicht definiert werden können, aber für jedermann in ihrer Wirkung erfahrbar sind, so ist das ein weiterer Beleg *für* die Existenz Gottes!

Denn wieso sollte aus einem „zufälligen" Urknall ein Gesetz entstehen?

GB. Auszug: Kap. „Schicksal"

„Die Menschen reden von verdientem und unverdientem Schicksal, von Lohn und Strafe, Vergeltung und Karma.

Das alles sind nur Teilbezeichnungen eines in der Schöpfung ruhenden Gesetzes:

Das Gesetz der Wechselwirkung!

Ein Gesetz, das in der ganzen Schöpfung von Urbeginn an liegt, das in das große, nimmer endende Werden unlösbar hineingewoben wurde als ein notwendiger Teil des Schaffens selbst und der Entwickelung.

Wie ein Riesensystem feinster Nervenfäden hält
und belebt es das gewaltige All und fördert dauernde Bewegung, ein ewiges Geben und Nehmen!
Einfach und schlicht und doch so treffend hat es
Christus Jesus schon gesagt: „Was der Mensch säet,
das wird er ernten!"
Die wenigen Worte geben das Bild des Wirkens und
Lebens in der ganzen Schöpfung so glänzend wieder, wie es kaum anders gesagt werden kann. Ehern
eingewebt ist der Sinn der Worte in dem Sein. Unverrückbar, unantastbar, unbestechlich in der fort-
währenden Auswirkung ..."

Religion und Gott

Zitat Auszug: Dawkins, aus dem Vorwort

„Stellen wir uns mit John Lennon mal eine Welt vor, *in der es keine Religion gibt* – keine Selbstmordattentäter, keinen 11. September, keine Anschläge auf die Londoner U-Bahn, keine Kreuzzüge, keine Hexenverfolgungen, keinen Gunpowder Plot, keine Aufteilung Indiens, keinen Krieg zwischen Israelis und Palästinensern, kein Blutbad unter Serben / Kroaten / Muslimen, keine Verfolgung von Juden als ,Christusmörder‘, keine ,Probleme‘ in Nordirland, keine ,Ehrenmorde‘, keine pomadigen Fernsehevangelisten im Glitzeranzug, die leichtgläubigen Menschen das Geld aus der Tasche ziehen (,Gott will, dass ihr gebt, bis es wehtut‘).
Stellen wir uns vor: keine Zerstörung antiker Statuen durch die Taliban, keine öffentliche Enthauptung von Ketzern, keine Prügel auf weibliche Haut für das Verbrechen, zwei Zentimeter nackte Haut zu zeigen.“

... Zweifellos wird hier eine geballte Ladung schrecklicher Mißstände aufgezählt ...

Wer würde diese Vorstellung nicht begrüßen, endlich einmal Frieden auf Erden!
Ist es nicht genau das, was den christlichen Grundwerten entspricht? Empfiehlt nicht der Gottessohn Jesus Christus: Liebe deinen Nächsten wie dich selbst. Füge deinem

Nebenmenschen kein Leid zu um des eigenen Begehrens willen.

Nach Dawkins ist es wohl müßig darüber zu sprechen, denn einen Gottessohn kann es natürlich nicht geben, wenn man die Existenz des Schöpfers bezweifelt!

Hier müssen wir schon fragen: Hat Gott diese schrecklichen Dinge in Auftrag gegeben?

Oder liegt die Verantwortung für alles, was oben aufgeführt wurde, nicht vielmehr ganz allein bei den Menschen?

Es ist so schön bequem, alles dem Schöpfer in die Schuhe zu schieben!

Hätte es *keine* Religion gegeben, so müßte auch *gerechterweise* die Liste noch fortgeführt werden. Einmal abgesehen von dem spirituellen Leben gäbe es möglicherweise auch keine Dome und Kirchen, die noch heute, nach Jahrhunderten, in allen Ländern ein Zeugnis herrlicher Baukunst darstellen, waren auf diesem Feld doch immer große Förderer von Kunst und Kultur zu finden. Vielen Menschen gibt der Glaube Halt und Trost, auch wenn er Mängel aufweist. Wenn wir nur an die zur Ehre Gottes entstandene Musik denken, was für ein Reichtum schönster, inspirierter Werke. Und immerhin haben die Religionen den Gottesgedanken bewahrt und weitergegeben über Jahrtausende! – Vielleicht wüßten wir heute, 2000 Jahre nach Christus, gar nichts mehr von Gott und dem Gottessohn,

denn ich vermute, bei unserer überbetonten menschlichen Hybris kann man fast mit Sicherheit davon ausgehen.

... (*wäre auch nicht schlimm, höre ich R.D. dazu sagen.*)...

Bayern ohne Bier, undenkbar! *Eine Erfindung der Klöster.*

Das große soziale Engagement einiger Religionsgemeinschaften darf auch nicht vergessen werden. Auch würden uns ein paar leuchtende Beispiele echt gelebter Zivilcourage fehlen. Angefangen bei den ersten Christen: mit welch bewunderungswürdigem Mut standen sie für ihre Überzeugung ein. Ein Beispiel von Mut und Courage geben auch Luther und andere ab, die ihr Leben gering achteten und furchtlos gegen die damaligen Mißstände kämpften. Nicht zu vergessen Luthers Verdienste um die deutsche Sprache und seine Bibel-Übersetzung.
Das alles hätte es nicht gegeben, und die Liste ließe sich bestimmt beliebig fortsetzen.

(Gewiß ist hier sicher R.D. der Ansicht: Alles eine Frage von Indoktrinierung, um Anhänger zu gewinnen, die man dann je nach religiöser Anschauung mit Höllendrohungen zu willigen Schäfchen macht oder mit Paradiesversprechen zu lebenden Bomben umfunktioniert.)

Ja ja, das alles ist möglich und sicher nicht ganz von der Hand zu weisen, und doch gibt es von jeder Medaille zwei Seiten, und wir müssen feststellen, daß bei allen Schwächen der Religion unserer Kultur auch etwas Einzigartiges fehlen würde. Auch formt der Widerstand um der Wahrheit und der Gerechtigkeit willen starke Charaktere.
Der Mensch braucht nicht unbedingt religiöse Motive, um Wahnsinnstaten zu begehen. Das zeigt doch auch unsere Zeit zur Genüge!
Wenngleich die Verbrechen, die im Namen der *Religion* im Lauf der Jahrhunderte begangen wurden, nicht einfach wegzuwischen sind. Aus heutiger Sicht ist manches Geschehen vollkommen unbegreiflich, und was

ganz besonders furchtbar ist, daß sträflicherweise auch noch alles im Namen „Gottes" ausgeführt wurde. Das hat natürlich ganz erheblich dazu beigetragen, daß der höchste Begriff, den wir Menschen haben, „Gott", beschmutzt und herabgezerrt wurde *unter* das Niveau eines guten Menschen! (Denn von einem guten Menschen würde man solche Taten nicht erwarten.) Viel hat sich nicht geändert, denn wir sehen das gleiche Handeln auch in der heutigen Zeit, wo es nun gar keine moralischen Schranken mehr gibt. Es ist zur Zeit „Mode", die Begriffe „Gott", Engel, usw. beliebig für die banalsten Angelegenheiten des Alltags zu *benutzen*, als hätte die Menschheit schon immer darauf gewartet, dies ungestraft tun zu können. Selbst die Schlagerwelt hat inzwischen davon Besitz ergriffen. Die Modemacher hängen ihren Models Flügel an ... und von seiten der Kirchen, die sich doch als moralische Instanz verstehen, erfolgt auch kein Aufschrei! Das Ganze läuft immer nach dem gleichen Muster ab, und man darf vermuten, daß sich das hohnlachende Dunkel hier der ganzen Menschheit bedient, ohne daß sie sich dessen bewußt ist.

Ist es ein Wunder, daß viele Menschen die *Vollkommenheit und erhabene Größe des Schöpfers* nicht mehr erkennen können und an dem so *von uns* produzierten Gottesbild irre werden?

Das alles ist wiederum Menschenwerk!

Man muß dem Autor in manchen Dingen recht geben, wäre da nicht die Frage, die sich aufdrängt: ohne Religion kein Gott? Oder gibt es nach Dawkins keinen Gott, weil sich die Strukturen der *von Menschen* geformten Religionen so fehlerhaft zeigen? In diesem Zwiespalt befinden

27

sich übrigens viele Menschen und verlassen Kirchen und Religionsgemeinschaften, ohne sich aber zwangsläufig gleichzeitig von Gott abzuwenden und zu *Gottesleugnern* zu werden. Nach meiner Erfahrung konnte ich immer wieder feststellen, daß viele Menschen sich in ihren Religionsgemeinschaften nicht mehr aufgehoben fühlen; denn es fehlen ihnen *geistige Inhalte,* und vor allem ist es bei vielen ein anderes Gottesbild, das sie in sich tragen, dem die Kirchen aber nicht gerecht werden. Beethoven war auch nicht unbedingt ein Kirchenanhänger, auch sein Genius erhob sich über die Enge eingefahrener Dogmen, denn er empfand etwas unaussprechlich Großes und Erhabenes bei dem Anblick der Natur, die keinen Zweifel aufkommen läßt an der Existenz eines über alles erhabenen Schöpfers.

Ludwig van Beethoven soll während eines Spazierganges folgende Worte einem Freund mitgeteilt haben:

(Auszug)

> „Sie werden mich fragen, woher ich meine Ideen nehme? Das vermag ich mit Zuverlässigkeit nicht zu sagen; sie kommen ungerufen, mittelbar, unmittelbar, ich könnte sie mit Händen greifen, in der freien Natur, im Walde, auf Spaziergängen, in der Stille der Nacht, am frühen Morgen angeregt durch Stimmungen, die sich dem Dichter als Worte, bei mir in Töne umsetzen, klingen, brausen, stürmen, bis sie endlich in Noten vor mir stehen. *Ja von oben muß es kommen, das, was das Herz treffen soll; sonst sind's nur Noten, Körper ohne Geist.*

Was ist Körper ohne Geist? Dreck oder Erde. Der Geist soll sich aus der Erde erheben, worin auf eine gewisse Zeit der Götterfunke gebannt ist, und ähnlich dem Acker, dem der Landsmann köstlichen Samen anvertraut, soll er aufblühen und viele Früchte tragen und also vervielfältigt hinauf zur Quelle emporstreben, woraus er geflossen ist.

Wenn ich am Abend den Himmel staunend betrachte und das Heer der ewig in seinen Grenzen sich schwingenden Lichtkörper, Sonnen und Erden genannt, dann schwingt sich mein Geist über diese so viele Millionen Meilen entfernten Gestirne hin zur Urquelle, aus welcher alles Erschaffene strömt und aus welcher ewig neue Schöpfungen entströmen werden.

Höheres gibt es nicht, als der Gottheit sich mehr als andere Menschen zu nähern und von hier aus die Strahlen der Gottheit unter das Menschengeschlecht verbreiten."

Die wissenschaftliche Grenze

Dawkins zitiert „Carl Sagan", Astronom, Astrophysiker, Exobiologe, Schriftsteller und Visionär.
Sagans Aussage in „Pale Blue Dot" bringt etwas Wesentliches auf den Punkt:

> „Wie kommt es, daß kaum eine der großen Weltreligionen jemals die wissenschaftlichen Erkenntnisse betrachtete und dann daraus folgerte: ‚Das ist besser, als wir dachten! Das Universum ist viel größer, als uns unsere Propheten sagten, viel gewaltiger, subtiler und eleganter. Gott muß größer sein als wir uns träumen ließen'? Statt dessen sagen sie ‚nein, nein, nein! Mein Gott ist ein kleiner Gott, und ich will, dass er klein bleibt.'
> Eine Religion, die die Größe des Universums im Sinne der modernen Wissenschaft betont, könnte wahrscheinlich auf wesentlich mehr Ehrfurcht und Ehrerbietung hoffen als die herkömmlichen Glaubensrichtungen."

Was immer wieder auffällt, ist die Gleichsetzung von Gott und Religion. Hier endlich einmal eine Trennung zu machen, scheint unerläßlich. Darf nun Gott oder darf die Religion auf mehr Ehrfurcht und Ehrerbietung hoffen? Na, vermutlich beides.

Hier sind wir schon mitten in unserem Kernproblem.
Ist Gott von der Religion abhängig? Ist er das Eigentum eines besonderen Bekenntnisses oder einer Kirche?

Wenn es Gott gibt, und wenn die Schöpfung *sein Werk* ist, wer vermöchte dann zu glauben, daß ER von uns Menschen abhängig sein kann. Umgekehrt aber zweifellos ja, der Mensch ist als Kreatur in das Werk hineingestellt und deshalb sehr wohl von IHM abhängig.
(*Herrn Dawkins wird das sicher Unbehagen bereiten!*)

Bibel Zitat: Joh.15,6
„Ich bin der Weinstock, ihr seid die Reben. Wer in mir bleibt und ich in ihm, der bringt viel Frucht, denn ohne mich könnt ihr nichts tun ...“

Bildhaft dargestellt ist es die gleiche Aussage, denn, schneidet man die Rebe vom Weinstock, muß sie verdorren und ist vom Leben abgeschnitten!
Als Untermauerung seiner Thesen erwähnt R. Dawkins eine über die Komplexität des Lebens staunende Wissenschaft, die aber offensichtlich alles darüber Hinausgehende gar nicht in Erwägung zieht.

Zitat R.D.

„Sagan rührt in allen seinen Büchern an den Nerv des transzendenten Staunens ...“

Zitat R.D.

„Eine geradezu mystische Reaktion auf Natur und Universum ist unter Naturwissenschaftlern und Rationalisten weit verbreitet. Sie hat nichts mit einem Glauben an *Übernatürliches* zu tun ...“

Natürlich oder *übernatürlich*, das ist hier die Frage!
Die von mir zur Beantwortung wichtiger Fragen vielfach
herangezogene Gralsbotschaft im „Lichte der Wahrheit"
Abd-ru-shin eröffnet einen völlig neuen Blickwinkel auch
in dieser Frage.

GB Auszug: „Das verbogene Werkzeug"

> „Nur aus ‚Demut' allem Göttlichen gegenüber muß
> dieser Heiland nach der Menschen Sinn als Got-
> tessohn auch unbedingt ‚übernatürlich' sein. Sie
> überlegen dabei nicht, daß Gott selbst die Vollkom-
> menheit des Natürlichen ist und die Schöpfung aus
> dieser seiner vollkommenen Natürlichkeit heraus
> durch seinen Willen sich entwickelte. Vollkommen-
> heit trägt aber auch die Unabänderlichkeit in sich.
> Wäre eine Ausnahme in den Schöpfungsgesetzen
> möglich, die nach dem Willen Gottes sind, so müß-
> te darin eine Lücke sein, es hätte an Vollkommen-
> heit gemangelt ..."

Aus dieser klaren Aussage dürfen wir den Schluß ziehen, daß die gesamte Schöpfung, eben alles, was aus dem
Schöpferwillen entstanden ist, auch *natürlich* sein muß;
die Natur ist es ja auch.
Müßte das Staunen über das gewaltige Naturgeschehen
die Wissenschaftler nicht eher zu Gott hinführen im Erkennen eines, wie C. Sagan sich ausdrückt, so gewaltigen,
subtilen und eleganten Organismus, den die Natur und
die Welt darstellt?

R.D. zitiert Einstein: Albert Einstein (1879 – 1955) Begründer der Relativitätstheorie, Nobelpreis 1921

„Wissenschaft ohne Religion ist lahm, Religion ohne Wissenschaft ist blind."

Einstein sagte aber auch:

„Was Sie über meine religiösen Überzeugungen lesen ist natürlich eine Lüge, und zwar eine, die systematisch wiederholt wird. Ich glaube nicht an einen persönlichen Gott und habe das auch nie verhehlt und klar zum Ausdruck gebracht. Wenn in mir etwas ist, das man als religiös bezeichnen kann, so ist es die grenzenlose Bewunderung für den Aufbau der Welt, so weit unsere Wissenschaft ihn offenbaren kann."

Ein anderes Zitat von Albert Einstein:

„Jedem tiefen Naturforscher muß eine Art religiöses Gefühl nahe liegen, weil er sich nicht vorzustellen vermag, daß die ungemein feinen Zusammenhänge, die er erschaut, von ihm zum erstenmal erdacht werden. Im unbegreiflichen Weltall offenbart sich eine grenzenlose überlegene Vernunft. Die gängige Vorstellung, ich sei Atheist, beruht auf einem großen Irrtum. Wer sie aus meinen wissenschaftlichen Theorien herausliest, hat sie kaum begriffen."

Zitat R.D.

„Hat Einstein sich demnach selbst widersprochen?
Oder kann man sich die Zitate so aus seinen Worten
herauspicken, dass sie beide Seiten einer Debatte
unterstützen? Nein. Einstein meinte mit „Religion“
etwas ganz anderes, als man normalerweise darunter versteht. Wenn ich im folgenden den Unterschied zwischen übernatürlicher und Einstein'scher
Religion genauer erläutere, sollte man im Hinter-
kopf behalten, daß ich nur *übernatürliche* Götter als
Wahnvorstellungen bezeichne.“

Auch Richard Dawkins pickt sich aus Einsteins Thesen
das für ihn Brauchbare heraus, schließt aber gleichzeitig
alles Übernatürliche in der Welt aus.
Das tun wir auch, denn es gibt ja nichts Übernatürliches.
Selbst die verschmähten Götter, die Dawkins als „Wahn“
bezeichnet, sind und waren ein natürlicher Bestandteil
der Schöpfung. Zu einer bestimmten Zeit der geistigen,
menschlichen Entwicklung wurden diese wesenhaften
Führer tatsächlich geschaut (Naturwesen) und auch ihr
Sitz, den sie Walhall oder auch Olymp nannten. Es wurden damals in den einzelnen Ländern die gleichen Gestalten wahrgenommen, nur eben anders benannt, zum
Beispiel war der oberste wesenhafte Führer bei den Germanen: Odin oder auch Wodan, bei den Griechen Zeus,
bei den Römern Jupiter. Gesehen wurden sie natürlich
nicht mit den grobstofflichen Augen, sondern mit den
Augen unserer feinstofflich-wesenhaften Hülle, die jeder
Mensch besitzt!

Man könnte auch sagen, daß die Menschen damals noch mehr wahrnehmen konnten, weil sie nicht nur ihren Verstand als den Maßstab aller Dinge angesehen haben. Da es das Höchste war, was sie schauen konnten, nannten sie die *Diener* Gottes „Götter".

Warum nehmen wir heute nichts Überirdisches mehr wahr? ...

Wollen wir alle Menschen, die Germanen, die Römer, die Griechen als Lügner bezeichnen, nur weil sie etwas sehen konnten, was sich dem heutigen *rationalen* Verständnis entzieht?

Zitat: Einstein

> „Ich bin ein tief religiöser Ungläubiger. Das ist irgendwie eine neue Art von Religion."

Einstein meinte wohl, daß seine Empfindung (sein Geist) etwas anderes fühlte, als sein Verstand dann eingestehen wollte. Etwas widersprüchlich, aber nachdem Einstein nun die andere Dimension (das Jenseits) schon erlebt, nehmen wir mal an, daß er seine Äußerungen heute sicher etwas anders formulieren würde!

Zitat Einstein:

> „Ich habe der Natur nie einen Zweck oder ein Ziel unterstellt oder irgend etwas anderes, das man als anthropomorph (mit Menschengestalt) bezeichnen könnte. Was ich in der Natur sehe, ist eine großartige Struktur, die wir nur sehr unvollkommen zu erfassen vermögen und die einen denkenden Menschen

mit einem Gefühl der Demut erfüllen muß. Dies ist ein echt religiöses Gefühl, das mit Mystizismus nichts zu tun hat.

Der Gedanke an einen persönlichen Gott ist mir völlig fremd und kommt mir sogar naiv vor."

Hier irrt Einstein! Recht hätte er, wenn man sich einen alten Mann mit langem Bart, im menschlichen Sinne, vorstellt, der im All auf seinem Thron sitzend für jeden einzelnen Menschen persönlich die Fäden zieht. „Gott" ist im uns sichtbaren All überhaupt nicht zu finden, denn wir begegnen in der grobstofflichen Schöpfung nur den Auswirkungen seines Willens! Nicht umsonst gilt das Gebot: „Du sollst dir kein Bildnis von Gott machen". Die menschliche Vorstellungskraft reicht einfach nicht aus, um sich einen unsichtbaren, wesenlosen „Gott" in seiner wirklichen Art und Größe vorstellen zu können; es würde immer nur ein kläglicher Versuch bleiben müssen und eine Verkleinerung nach unzulänglicher menschlicher Vorstellung. Ein Ahnen seiner Größe kommt uns, wenn wir am Abend staunend den Himmel betrachten ...
Es ist durchaus kein Widerspruch zur „Existenz Gottes", daß ER persönlich im All nicht entdeckt werden kann! Wobei verständlich ist, daß die Wissenschaftler, je mehr sie in die komplexen Zusammenhänge der Schöpfung eindringen, davon auf das höchste beeindruckt werden, was sich dann auch in einem wahrhaft „religiösen Empfinden" äußert.

Das von Dawkins zur Untermauerung seiner Auffassung angeführte Konglomerat verschiedener Meinungen bringt eher Verwirrung in die Sache denn Klarheit. Mit einigem Witz und Respektlosigkeit, ohne auf Grenzen des guten Geschmacks irgendwelchen Wert zu legen, wird auch kurzweiliger Spott jedem gerne zuteil, der sich erlaubt, anderer Meinung zu sein, „weil man ihn ja nun partout nicht verstehen will"!

Nach Richard Dawkins' Meinung wäre die einzig logische Möglichkeit für die Entstehung komplexen Lebens, die er in ständiger Wiederholung als Lösung aller Rätsel präsentiert, die „Darwinsche Evolutionstheorie und die natürliche Selektion". Daraus gefolgert könne es Gott unmöglich geben, weil sich ja alles entwickelt habe! An dieser Stelle absolute Verständnislosigkeit meinerseits!

Es scheint ganz unbegreiflich, um nicht zu sagen lächerlich, denn selbstverständlich hat alles Leben sich in riesigen Zeiträumen aufbauend entwickelt, wobei die Information, wie sich diese Welt entwickeln soll, in den Gedanken des vollkommenen Gottes als Ganzes schon vorhanden gewesen sein muß. Nicht nur die Erde und ihre Geschöpfe, sondern die ganze Welt, eingeschlossen die feinstoffliche Schöpfung, entwickelte sich von einfachsten Formen bis zur höchsten Komplexität in der wechselseitigen Beziehung der Lebewesen und Lebensgemeinschaften.

Wie kann ein einfacher, erkannter Vorgang zu einem solch weittragenden Schluß führen?

Es entzieht sich meiner Kenntnis, wie man diesbezüglich in Religionskreisen denkt. Vermutlich, daß das in der Bibel angeführte erste Menschenpaar – Adam und Eva – auf die Erde gestellt wurde und sich in Folge durch Fortpflanzung

zu Völkern gruppieren und entwickeln konnte? Bei Adam und Eva handelt es sich jedoch um ein geistiges Bild aus dem Paradies, also dem geistigen Reich, das weit *über* der grobstofflichen Schöpfung zu suchen ist. Deshalb ist das für die Menschwerdung auf Erden auch nicht anzuwenden und nicht eins zu eins übertragbar!
Nachzulesen: GB. Vortrag, Schöpfungsentwicklung ...

Darwin hat vieles schon richtig erkannt, was er aber nicht wußte, ist, daß der Mensch nur mittelbar vom Tier abstammt. Nach Darwins Vorstellung ist der Mensch eine Art Weiterentwicklung einer Affenart. Diese seine Version erweist sich als nur bedingt richtig! Es gibt wohl kaum eine Frage in unserer menschlichen Existenz, die so ungeklärt ist wie die Menschwerdung. Es fehlte uns bisher der Schlüssel für dieses Geschehen, das entscheidende Puzzleelement, dessen Fehlen kein vollständiges Bild erstehen läßt. Einerseits: Wie paßt Entwicklung zur überlieferten Vorstellung von Adam und Eva – zum anderen fragt man sich zu Recht, wie ist es möglich, daß ein Tier plötzlich geistig wird?
Die Lösung dieses rätselhaften Vorganges liefert uns glücklicherweise eine Erklärung aus der „Gralsbotschaft" und vermittelt uns im nachfolgenden Auszug ein vollkommen neues Verständnis der Menschwerdung! Hier wird eine Brücke gebaut, die beiden Vorstellungen als Ergänzung dienen kann.

GB Auszug: „Die Erschaffung des Menschen"

„GOTT schuf den Menschen nach seinem Ebenbilde und hauchte ihm seinen Odem ein!"

Das sind zwei Begebenheiten: das Schaffen und das Beleben! Beide Vorgänge waren wie alles streng den bestehenden göttlichen Gesetzen unterworfen. Nichts kann aus dem Rahmen derselben treten. Kein göttlicher Willensakt wird sich diesen den göttlichen Willen selbsttragenden unverrückbaren Gesetzen gegenüberstellen. Auch jede Offenbarung und Verheißung erfolgt im Hinblick auf diese Gesetze und muß sich in diesen erfüllen, nicht anders!

So auch die Menschwerdung auf der Erde, die ein Fortschritt der gewaltigen Schöpfung war, der Übergang des Grobstofflichen in ein ganz neues gehoberes Stadium.

Von der Menschwerdung zu sprechen bedingt das Wissen von der feinstofflichen Welt; denn der Mensch in Fleisch und Blut ist als förderndes Bindeglied geschoben zwischen den feinstofflichen und den grobstofflichen Schöpfungsteil, während seine Wurzel in dem Geistigen bleibt.

Gott schuf den Menschen nach seinem Ebenbilde! Dieses Schaffen oder Erschaffen war eine lange Kette der Entwicklung, die sich streng innerhalb der von Gott selbst in die Schöpfung gewobenen Gesetze abspielte. Von dem Höchsten eingesetzt, arbeiten diese Gesetze eisern, unentwegt an der Erfüllung seines Willens, selbsttätig als ein Stück von ihm der Vollendung entgegen. So auch mit der Erschaffung des Menschen als Krone des ganzen Werkes, in dem sich alle Arten vereinigen sollten, die in der Schöpfung lagen. Deshalb wurde in der grobstofflichen Welt, der irdisch sichtbaren Materie, nach und nach in der Fortentwicklung das Gefäß geformt, in das ein Funke aus dem Geistigen inkarniert werden konnte, der unsterblich war.

Durch das andauernd strebende Formen entstand mit der Zeit das höchstentwickelte Tier, das denkend sich schon verschiedener Hilfsmittel zum Lebensunterhalte und zur Verteidigung bediente. Wir können auch heute Tierarten beobachten, die sich einzelner Hilfsmittel zur Erlangung und Aufbewahrung ihrer Lebensbedürfnisse bedienen und die zur Verteidigung oft verblüffende Schlauheit zeigen.

Die vorhin erwähnten höchstentwickelten Tiere, die mit den stattgefundenen Erdumwälzungen hinweggenommen wurden, bezeichnet man heute mit dem Namen „Urmenschen". Sie aber *Vorfahren der Menschen* zu nennen ist ein großer Irrtum! Mit demselben Rechte könnte man die Kühe als „Teilmütter" der Menschheit bezeichnen, da die größte Zahl der Kinder in den ersten Monaten ihres Lebens die Milch der Kühe zum Aufbau ihres Körpers brauchen, durch ihre Hilfe also lebensfähig bleiben und wachsen.

Viel mehr hat das edle und denkende Tier „Urmensch" auch nicht mit dem wirklichen Menschen zu tun; denn der grobstoffliche Körper des Menschen ist weiter nichts als das unerläßliche Hilfsmittel, das er braucht, um in dem grobstofflich Irdischen nach jeder Richtung hin wirken zu können und sich verständlich zu machen.

Mit der Behauptung, daß der Mensch vom Affen abstamme, wird buchstäblich „das Kind mit dem Bade ausgeschüttet"! Es ist damit weit über das Ziel

hinausgegriffen. Ein Teilvorgang zur alleinigen Voll-
tatsache erhoben. Die Hauptsache fehlt dabei!

Es würde zutreffen, wenn der Körper des Menschen
tatsächlich „der Mensch" wäre. So aber ist der grobstoffliche Körper nur seine Bekleidung, die er ablegt,
sobald er in die Feinstofflichkeit zurückkehrt. Wie
erfolgte nun die erste Menschwerdung?

Nach dem Höhepunkte in der grobstofflichen Welt
mit dem vollendetsten Tiere mußte eine Veränderung zur Weiterentwicklung kommen, wenn kein
Stillstand eintreten sollte, der mit seinen Gefahren
Rückgang werden konnte. Und diese Veränderung
war vorgesehen und kam:

Als Geistfunken ausgegangen, durch die feinstoffliche Welt niedersinkend, dabei alles hebend, stand
an deren Grenze in dem Augenblicke, als das grob-
stofflich-irdische Gefäß aufsteigend in seiner Entwicklung den Höhepunkt erreicht hatte, der fein-
stofflich-geistige Mensch ebenfalls fertig bereit, sich
mit dem Grobstofflichen zu verbinden, um dieses zu
fördern und zu heben.

Während also das Gefäß in der Grobstofflichkeit
herangereift war, hatte sich die Seele in der Feinstofflichkeit so weit entwickelt, daß sie genügend
Kraft besaß, bei Eintritt in das grobstoffliche Gefäß
ihre Selbständigkeit zu bewahren.

Die Verbindung dieser beiden Teile bedeutete nun
eine innigere Vereinigung der grobstofflichen Welt
mit der feinstofflichen Welt bis hinauf in das Geistige.

„Erst dieser Vorgang war die Geburt des Menschen!"

Weitergehende Erklärungen, unter anderem auch, was es mit Weib und Mann auf sich hat, ist nachzulesen in der Gralsbotschaft „Im Lichte der Wahrheit", Abd-ru-shin. „Die Erschaffung des Menschen".

GB. Auszug: „Weltgeschehen"

> „Es gibt keine größere Gefahr für eine Sache als eine Lücke zu lassen, deren Füllungsnotwendigkeit vielfach empfunden wird. Es hilft dann nichts, darüber hinweggehen zu wollen; denn eine derartige Lücke hindert jeden Fortschritt und wird, sobald darüber ein Bau errichtet ist, diesen eines Tages zusammenbrechen lassen, auch wenn er mit größter Kunstfertigkeit und mit wirklich gutem Material ausgeführt ist."

Man wird langsam nicht mehr umhinkommen (auch die Weltreligionen nicht), sich für ein neues Verständnis der Welt zu öffnen und die immer deutlicher zutage tretenden Lücken zu füllen, denn tatsächlich ist die Schöpfung noch viel großartiger und unfaßbarer in ihrer räumlichen Ausdehnung, Ordnung und Struktur als auch die Wissenschaft bisher wahrgenommen hat.
Denn, was die heutige Wissenschaft bisher ganz ausschließt, weil sie in diesem Bereich selber Scheuklappen hat (Ähnlichkeiten zur Religion sind nicht ganz ausgeschlossen!), ist die „reale" Existenz der feineren Schöpfungsbereiche, mit denen wir täglich korrespondieren, zum Beispiel mit Gedanken, Empfindungen, der Inspiration usw.

Denn neben dieser grobstofflichen, uns sichtbaren Welt existieren noch die riesigen Dimensionen der feinstofflichen Welten, man nennt sie auch das „Jenseits"; man könnte auch sagen, es ist jenseits dessen, was wir mit unseren grobstofflichen Sinnen wahrnehmen, der Bereich, wo der Mensch sich wiederfindet nach seinem irdischen Abscheiden, in seiner feineren geistigen Existenz, nachdem er seine grobstoffliche Hülle abgelegt hat. Viele Generationen vor uns hat es gegeben, die mancher von uns als rückständig belächelt, welche aber diesbezüglich ein viel größeres Wissen hatten als wir, die wir uns heute mit unserem Wissen so fortgeschritten dünken!
Und dennoch sind beide Welten nicht zu trennen, die für unsere irdischen Sinne wahrnehmbare, sichtbare Welt und die uns ständig umgebende unsichtbare Welt stehen in steter Wechselwirkung. Sie sind einheitlich, durchdringen und bedingen einander.

Zitat: Immanuel Kant:

> „Wenn sich aber die Seele vom Körper trennt, so wird sie nicht dieselbe sinnliche Anschauung von der Welt haben. Sie wird sie nicht anschauen, wie sie erscheint, sondern wie sie ist. Danach besteht die Trennung der Seele vom Körper in der Veränderung der sinnlichen Anschauung, und das ist eine Geburt zu einem neuen Leben und oft gegen das zukünftige Leben das jetzige wohl Tod zu nennen."

Müssen wir unsere Lebensaufgabe nicht gerade darin sehen, die Welt kennenzulernen, wie sie *wirklich ist?* Der Drang zum Forschen liegt in der Natur des Menschen! Es

würde uns das Leben ohne Zweifel sehr erleichtern und manches vermeidbar machen, was uns in Unwissenheit schwer zu schaffen machen kann. Denn es ist wie überall: Unwissenheit birgt für uns unübersehbare Gefahren!
Unser aller Leben unterliegt wie alles einem ständigen Entwicklungs- und Reifeprozeß. Auch das menschliche Bewußtsein muß heranreifen.
In einer viele Jahrtausende währenden Entwicklung hat das Weltbild schon oftmals Korrekturen erfahren müssen. Es ist noch nicht so lange her, da dachte man, die Erde sei eine Scheibe!

John Polkinghorne, Elementarteilchenphysiker, Professor für mathematische Physik an der University of Cambridge, später anglikanischer Gemeindepfarrer, dann Präsident des Queen's College in Cambridge, Autor vielbeachteter Bücher über Wissenschaft und Religion. 1997 wurde er von Königin Elisabeth geadelt.
Textauszüge aus einer Rede von Sir J. Polkinghorne: „Warum man als moderner Mensch an Gott glauben kann."

„Wurde das Universum planvoll erschaffen? Dann sollten wir genauso wenig nach Erzeugnissen mit dem Markenzeichen „Die himmlische Konstruktionsfirma" suchen wie nach Objekten mit dem Stempel „blinde Zufallsregeln", wenn das Universum nicht erschaffen worden wäre. Die Wissenschaft wird uns keine Antwort geben. Der Grund dafür ist einfach:
Die Frage nach einer Schöpfung ist eine metaphysische, sie reicht über die Physik hinaus.

Und solche Fragen müssen mit metaphysischen Argumenten beantwortet werden.

Wissenschaft begrenzt die Metaphysik, aber sie determiniert (bestimmt) sie nicht, ebenso wie das Fundament eines Hauses die Möglichkeiten begrenzt, was auf dem Fundament gebaut werden kann, aber die Form des Gebäudes nicht festlegt.

Obwohl wir zu Recht von vielen Dingen beeindruckt sind, die Wissenschaft zufriedenstellend behandeln kann, sollten wir auch erkennen, daß dieser große Erfolg erkauft wurde durch eine Bescheidenheit des Anspruches. Wissenschaft beschränkt sich selbst, indem sie sich nur mit einer bestimmten Art der Erfahrung beschäftigt.

Sie handelt grob gesprochen von der unpersönlichen Dimension der Realität.

Galileo Galilei hatte die brillante Idee, daß man die Aufmerksamkeit auf die primären Quantitäten der Materie und Bewegung einschränken solle und alles außer Acht zu lassen habe, was er die sekundären Merkmale menschlicher Wahrnehmung nannte, etwa Farben.

Diese Vernachlässigung war eine enorm erfolgreiche Untersuchungsmethode.

Es wäre jedoch ein Fehler, Galileis methodische Strategie mit einem Urteil über die Existenz der Dinge gleichzusetzen, das heißt, einem Verdikt (Urteil) über die Natur der Realität. Eine solche Verwechslung würde zu einer jämmerlich unangemessenen Metaphysik führen.

Die Physik mag uns sagen, daß Musik Luftdruckschwankung ist, und die Neurophysiologie mag die daraus folgenden Nervenaktivitäten beschreiben, die entstehen, wenn der Schall das Trommelfell trifft, aber es wäre völlig irreführend anzunehmen, Musik ließe sich so angemessen erfassen. Ihr Geheimnis und ihre Realität schlüpft durch die weiten Maschen des wissenschaftlichen Netzes.

Eine solche auslaugende Wissenschaftsgläubigkeit kann die Metaphysik nicht tolerieren, denn ihr großes Ziel ist eine wahrhaftige Theorie von allem. Und diese erhalten wir nicht dadurch, daß wir die Natur solange aufs Folterbrett spannen, bis sie auf ein Maß reduziert ist, daß sie sich als Formel auf ein T-Shirt schreiben ließe. Wir erhalten diese Theorie nur, wenn wir den Reichtum der Realität, in der wir leben, ernst nehmen. Das wird nicht gewährleistet durch die Priorität des Objektiven über das Subjektive, des Unpersönlichen über das Persönliche, des Wiederholbaren über das Einzigartige."

Der Rationalist

(Ratio: Lateinischer Begriff für „Vernunft, Verstand")

Julian Baggini erklärt in seinem Buch Atheism: A Very Short Introduction (Atheismus – eine kurze Einleitung)

> „Die meisten Atheisten sind überzeugt, dass es im Universum nur einen Stoff gibt und dass er physikalischer Natur ist, aber gleichzeitig glauben sie, dass aus diesem Stoff auch Geist, Schönheit, Gefühle und moralische Werte hervorgehen – kurz gesagt, das ganze Spektrum der Phänomene, die das Leben der Menschen bereichern."

Zitat R.D.

> „Gedanken und Gefühle der Menschen *erwachsen* aus den äußerst komplizierten Verflechtungen physischer Gebilde im Gehirn. Ein Atheist oder Philosophischer Naturalist in diesem Sinn vertritt also die Ansicht, dass es nichts außerhalb der natürlichen, physikalischen Welt gibt: keine übernatürliche kreative Intelligenz, die hinter dem beobachtbaren Universum lauert, keine Seele, die den Körper überdauert, und keine Wunder in dem Sinn, dass es Naturphänomene gibt, die wir noch nicht verstehen. Wenn etwas außerhalb der natürlichen Welt zu liegen scheint, die wir nur unvollkommen begreifen, so hoffen wir darauf, es eines Tages zu verstehen und in den Bereichen des Natürlichen einzuschließen. Und wie immer, wenn wir einen

Regenbogen entzaubern, wird er dadurch nicht weniger staunenswert."

Der entzauberte Regenbogen beschränkt sich aber nur auf die irdischen, auf eine Formel reduzierten Einzelteile. Den Zauber aber vermittelt die Gesamtheit dessen, was den Regenbogen wirklich ausmacht, und was dahinter steht!

R.D. „Gedanken und Gefühle der Menschen erwachsen aus den äußerst komplizierten Verflechtungen physischer Gebilde im Gehirn."

Soweit, so gut!
Gedanken entstehen im Gehirn, werden aber durch den Geist beeindruckt. Gefühle sind dem Verstand zuzuordnen. Anders die Empfindung, sie äußert sich durch den Geist, sie ist Ausdruck des Geistes, wie auch eine moralische Wertvorstellung auf das engste mit dem Geist verbunden bleibt.

Wollen wir die Natur in ihrer Einzigartigkeit wirklich verstehen, dürfen wir uns Erklärungen aus einer höheren Sicht nicht verschließen. „So Ihr nicht werdet wie die Kinder" (Kinder sind immer unvoreingenommen und deshalb aufnahmefähig.). Statt dessen sagen sie: „Nein, nein, nein! Mein Gott ist ein kleiner Gott, und ich will, daß er klein bleibt!"

Warum um alles in der Welt scheuen sich viele Menschen, genau *den* Schleier zu lüften, dessen Wegfallen augenblicklich eine klare Sicht in den Zusammenhängen ermöglichen würde? Allerdings müßten einige dann schon von ihrem hohen Podest heruntersteigen, denn, sobald die tatsächlich in der Schöpfung waltenden Kräfte erkennbar werden, wird der Mensch bescheiden!

Der Wegfall eingebildeter menschlicher Größe ist möglicherweise mit der Hauptgrund, warum vehement an der „Alles-vollbringt-unser-Gehirn"-Theorie festgehalten wird. Wenn wir heute Formeln über die physische Zusammensetzung einer Sache aufstellen können, so sagt das noch lange nichts darüber aus, aus welcher Kraft dies alles hervorgerufen wurde, was alles Seiende formt, bewegt und am Leben erhält. Es ist schon etwas erstaunlich, die Beweglichkeit und Größe der uns sichtbaren Welt, deren kleinsten Teil wir noch nicht richtig in seiner wirklichen Art erfaßt haben, so zu reduzieren, wie Polkinghorne es so treffend ausdrückt: „die Natur solange aufs Folterbrett zu spannen", bis es einer sehr eingeschränkten Sichtweise passend erscheint.

Der Schöpfer sorgt schon dafür, daß sich unser Weltbild ständig erweitert, entsprechend unserer geistigen Entwicklung und Aufnahmefähigkeit.

... überlassen wir uns also vertrauensvoll *Seiner Führung!*

...

(An dieser Stelle sprechen wir schon mit Sicherheit von der Existenz eines um die Menschen besorgten Schöpfers!)

Die hochgepriesene „Ratio", die Vernunft, die im Verstand wurzelt, hat ihre ganz natürliche Einschränkung, weil sie sich auf eine irdische Sichtweise beschränkt, da der Verstand nur ein für das Erdenleben notwendiges *Werkzeug* ist. Anders der Geist, unser eigentlicher Wesenskern, er hat seinen Ursprung im geistigen Reich und kann deshalb auch Geistiges erfassen und erkennen!

Der Atheist kennt diese Trennung nicht, deren Notwendigkeit er selbst doch auch, als geistig seiend, empfinden müßte. Die Erklärung für alles bisher Unerklärliche liegt genau in diesem kleinen Detail, daß es sich hierbei um *zweierlei* Stiefel handelt!

Sir John Eccles bekam den Nobelpreis für Medizin für seine Erforschung des Gehirns.

Er schreibt in seinem Buch: „Das Ich und das Gehirn":

> *„Das Gehirn, das eine aus Neutronen zusammengesetzte Maschine ist, ist absolut nicht imstande, alle notwendigen Integrationen durchzuführen; dafür bedarf es eines aktiven und unabhängigen Geistes, des wahrhaften Zentrums unserer Persönlichkeit."*

Welt, Geist und Entwicklung

Eine bisher weniger bekannte Darstellung der Welt finden wir in der Gralsbotschaft im „Lichte der Wahrheit" von Abd-ru-shin.

GB: Auszug: „Die Welt"

„Die Welt! Wenn der Mensch dieses Wort benutzt, spricht er es oft gedankenlos dahin, ohne sich ein Bild davon zu machen, wie diese von ihm genannte Welt eigentlich ist.

Viele aber, die versuchen, sich etwas Bestimmtes dabei vorzustellen, sehen im Geiste zahllose Weltenkörper verschiedenster Beschaffenheit und Größe in Sonnensysteme geordnet im Weltall ihre Bahnen ziehen. Sie wissen, daß immer neue und mehr Weltenkörper zu sehen sind, je schärfer und weitreichender die Instrumente geschaffen werden.

Der Durchschnittsmensch findet sich dann mit dem Worte „Unendlichkeit" ab, womit bei ihm der Irrtum einer falschen Vorstellung einsetzt.

Die Welt ist nicht unendlich. Sie ist die stoffliche Schöpfung, also das Werk des Schöpfers.

Dieses Werk steht wie jedes Werk neben dem Schöpfer und ist als solches begrenzt.

Sogenannte Fortgeschrittene sind oft stolz darauf, die Erkenntnis zu haben, daß Gott in der ganzen Schöpfung ruht, in jeder Blume, jedem Gestein, daß die treibenden Naturkräfte Gott sind, also alles das Unerforschliche, was sich fühlbar macht, aber nicht wirklich erfaßt zu werden vermag. Eine dauernd wirkende Urkraft, die ewig sich selbst neu entwickelnde Kraftquelle, das wesenlose Urlicht. Sie dünken sich gewaltig vorgeschritten in dem Bewußtsein, Gott als eine immer auf das eine Ziel der Fortentwicklung zur Vollkommenheit hinwirkende, alles durchdringende Triebkraft überall zu finden, ihm überall zu begegnen.

Das ist aber nur in einem gewissen Sinne richtig. Wir begegnen in der ganzen Schöpfung nur seinem Willen und damit seinem Geiste, seiner Kraft. Er selbst steht weit über der Schöpfung.

Die stoffliche Schöpfung wurde schon mit dem Entstehen an die unabänderlichen Gesetze des Werdens und Zerfallens gebunden; denn das, was wir Naturgesetze nennen, ist der Schöpfungswille Gottes, der sich auswirkend andauernd Welten formt und auflöst. Dieser Schöpfungswille ist einheitlich in der ganzen Schöpfung, zu der die feinstoffliche und die grobstoffliche Welt als eins gehören.

Die unbedingte und unverrückbare Einheitlichkeit der Urgesetze, also des Urwillens, bringt es mit sich, daß sich in dem kleinsten Vorgange der grobstofflichen Erde stets genau das abspielt, wie es bei jedem Geschehen, also auch in den gewaltigsten Ereignissen der ganzen Schöpfung, vor sich gehen muß und wie in dem Erschaffen selbst.

Die straffe Form des Urwillens ist schlicht und einfach. Wir finden sie, einmal erkannt, in allem leicht heraus. Die Verwicklung und Unbegreiflichkeit so mancher Vorgänge liegt nur in dem vielfachen Ineinandergreifen der durch der Menschen verschiedenes Wollen gebildeten Um- und Nebenwege.

Das Werk Gottes, die Welt, ist also als Schöpfung den sich in allem gleich bleibenden und vollkommenen göttlichen Gesetzen unterworfen, auch daraus entstanden und somit begrenzt.

Der Künstler ist zum Beispiel auch in seinem Werke, geht in diesem auf und steht doch persönlich neben ihm. Das Werk ist begrenzt und vergänglich, das Können des Künstlers deshalb noch nicht. Der Künstler, also der Schöpfer des Werkes, kann sein Werk vernichten, in dem sein Wollen liegt, ohne daß er selbst davon berührt wird. Er wird trotzdem immer noch der Künstler bleiben.
Wir erkennen und finden den Künstler in seinem Werke, und er wird uns vertraut, ohne daß wir ihn persönlich gesehen zu haben brauchen. Wir haben seine Werke, sein Wollen liegt darin und wirkt auf uns, er tritt uns darin entgegen und kann doch selbst weit von uns für sich leben.
Der selbstschöpferische Künstler und sein Werk geben einen matten Abglanz wieder von dem Verhältnisse der Schöpfung zu dem Schöpfer.
Ewig und ohne Ende, also unendlich, ist nur der Kreislauf der Schöpfung in dem dauernden Werden, Vergehen und sich wieder Neubilden."

****

Der Pantheismus (Die Vorstellung, daß Gott selbst in allem zu finden ist,) erledigt sich nach dieser einleuchtenden Erklärung von selbst!

Charles Darwin (1809 – 1882), ein bedeutender britischer Naturwissenschaftler, entwickelte und propagierte unabhängig und doch gemeinsam mit Alfred Russel Wallace die Theorie eines natürlichen Prinzips der Evolution durch graduelle Variation und natürliche Selektion.
Sie erklärt die langsame Aufspaltung der Organismen in viele verschiedene Arten als Folge von Anpassung an den Lebensraum. Von dieser Theorie, die er zum ersten Mal in seinem Buch "The Origin of Species" 1859 veröffentlichte, leiten sich heutzutage alle modernen Evolutionstheorien ab.
... Und so liefert Charles Darwin Dawkins mit seiner Entwicklungshypothese die vermeintliche Grundlage für seine Theorie, daß die Schöpfung sich quasi aus sich selbst entwickelt hat und ein Schöpfer-Gott überflüssig ist.

Der von Dawkins viel erwähnte Darwin steht mit seinem Standpunkt, „daß alles durch Gesetze hervorgebracht wird, welche fort und fort um uns wirken", in *keinem* Gegensatz zum wirklichen Geschehen.
Wer aber ist der Gesetzgeber, wer erläßt oder formt diese um uns wirkenden Gesetze? Es ist schwer vorstellbar, daß sich aus *keinem* Anlaß, nehmen wir an, aus dem Urknall, so etwas wie Gesetze oder auch eine Ordnung formen oder auch entwickeln können, denn wie der Volksmund schon so treffend sagt: „Von nichts kommt nichts."
In dem Urknall müßte alle Substanz, zumindest die Information für die tatsächlich in der Schöpfung wirkenden Kräfte, wenn es beliebt, auch der Weltordnung, enthalten sein. Vielleicht kann man es sich wie bei einem Maler oder Bildhauer vorstellen, der, bevor er anfängt, schon das komplette Bild in seinem Geiste sieht! Da sind wir

nun schon wieder bei der gleichen Frage: Warum ist diese
Substanz vorhanden? Warum sollte aus Chaos so etwas
wie eine Ordnung entstehen?
Woher kommt die in der Schöpfung sichtbar wirkende
Ordnung? Weshalb sollten sich aus einem Knall oder einer „zufälligen" Explosion ein Sternenhimmel mit unzähligen Sternen, Weltenkörpern, Galaxien formen; warum
gruppieren sich die Sterne zu Sternbildern, die in einem
geordneten Kreislauf im All ihre Bahn ziehen? Warum
sollte sich aus einem Urknall so etwas Wunderbares wie
unsere Erde formen, mit Luft zum Atmen, dem lebens-
notwendigen Wasser und einer Sonne, die alles das, was
die Geschöpfe zum Leben benötigen, mit dem von ihr
gespendeten Licht wachsen läßt? Selbst für die kleinsten
Geschöpfe ist gesorgt! Warum wachsen all die herrlichen
Früchte der Erde? Bezaubernde Blumen, herrliche Bäu-
me?
Warum haben Pflanzen Heilkraft?
Unsere Körper sind ein Wunderwerk für sich, das mit
höchster Präzision selbsttätig arbeitet. Ein außerordentlich komplex funktionierender Organismus! In der so
hochgepriesenen Technik gibt es nichts Vergleichbares.
Sollten wir es nicht vollkommen nennen? Warum wächst
ein Knochen wieder zusammen, wenn er gebrochen ist,
einfach so, aus einem Zufall? Warum kann der Mensch
denken und empfinden, Bewußtsein entwickeln (eindeutig etwas Immaterielles!)? Warum kann sich der Mensch
einer Sprache bedienen? Auch das Wort hat eine feinstoffliche Form und geistigen Inhalt. Fragen über Fragen,
die mit der Urknalltheorie höchst unbefriedigend, ja in
keinster Weise zu beantworten sind. Wir sehen hier schon,
das geht doch alles gar nicht!

Warum hat der Mensch den inneren Drang, dem Guten nachzustreben, sich zu veredeln, warum hat er ein Gewissen? Daß der Mensch ein Gewissen hat, ist unbestritten, aber was ist das Gewissen? Alles Gehirn? Oder sind es die Hilfen aus dem Geiste? Warum erkennt der Mensch die immaterielle „Liebe" als den Urgrund der Dinge? Wir werden hier gar nicht fertig mit unseren offenen Fragen. Anders ist es, halten wir uns an den Schöpfungsakt „Es werde Licht", dann ist die Sache schon viel klarer. Auch dieser Schöpfungsakt mag wie ein Urknall gewirkt haben, als auf göttlichen Befehl das Licht zur ersten Formung in das lichtlose All schoß; aber dahinter stand ein form- und gesetzgebender wie auch ein gestalterischer Wille!

Auch „Entwicklung" entsteht doch nicht einfach so, ohne die entsprechenden Anstöße, ohne Gesetze oder Informationen. Im Computerzeitalter zeigt sich uns recht anschaulich, daß auch ein Apparat nur funktioniert, wenn er mit den entsprechenden Informationen gefüttert wird.

Dann muß der Computer erst einmal erdacht und gebaut werden, bevor er nutzbar werden kann. Wie wir noch feststellen werden, sind die Grundzüge überall gleich, im Kleinen wie im Großen.

Die von Darwin erkannte *Entwicklung* alles Lebenden gilt für die Welt im allgemeinen, für die Gestirne und alle Geschöpfe und *natürlich* auch für den Menschen*geist!*

Noch einmal herausgehoben: GB. „Die Welt".

„Die unbedingte und unverrückbare Einheitlichkeit der Urgesetze, also des Urwillens, bringt es mit sich, *daß sich in dem kleinsten Vorgange der grobstofflichen Erde stets genau das abspielt, wie es bei jedem Geschehen, also auch in den gewaltigsten Ereignissen der ganzen Schöpfung, vor sich gehen muß und wie in dem Erschaffen selbst."*

Dies besagt: daß die Gesetze in der Schöpfung überall einfach und in ihren Grundzügen einheitlich sind und sich demnach auch im Kleinen wie im Großen gleich auswirken müssen.

Eine Koryphäe der Wissenschaft, Geheimrat Prof. Max Plank, größter deutscher Physiker und Atomforscher, äußerte auf einem vor Jahrzehnten stattfindenden Gelehrtenkongreß in Florenz folgendes:

„Meine Herren! Als Physiker, also als Mann, der sein ganzes Leben der nüchternen Wissenschaft, der Erforschung der Materie diente, bin ich sicher von dem Verdacht frei, für einen Schwarmgeist gehalten zu werden. Und so sage ich Ihnen nach meinen Erforschungen des Atoms dieses: Es gibt keine Materie an sich! Alle Materie entsteht und besteht nur durch eine Kraft, welche die Atomteilchen in Schwingung bringt und sie zum winzigsten Sonnensystem des Atoms zusammenhält. Da es im gesamten Weltall aber weder eine intelligente noch eine ewige (abstrakte) Kraft gibt – es ist der Menschheit nie gelungen, das heißersehnte Perpetuum mobile zu erfinden –, so müssen wir hinter dieser Kraft einen bewußten, intelligenten *Geist* annehmen. Dieser Geist ist der Urgrund aller Materie.

Nicht die sichtbare, aber vergängliche Materie ist das Reale, Wahre, Wirkliche (denn die Materie bestünde, wie wir gesehen haben, ohne diesen Geist überhaupt nicht!), sondern der unsichtbare, unsterbliche Geist ist das Wahre! Da es aber Geist an sich allein ebenfalls nicht geben kann, sondern jeder Geist einem *Wesen* zugehört, so müssen wir zwingend *Geistwesen* annehmen. Da aber auch Geistwesen nicht aus sich selber sein können, sondern geschaffen worden sein müssen, so scheue ich mich nicht, diesen geheimnisvollen Schöpfer ebenso zu benennen, wie ihn alle alten Kulturvölker der Erde früherer Jahrtausende genannt haben: GOTT.

So sehen Sie, meine verehrten Freunde, wie in unseren Tagen, in denen man nicht mehr an den Geist als den Urgrund aller Schöpfung glaubt und damit in bitterer Gottesferne steht, gerade das Winzigste und Unsichtbare es ist, das die Wahrheit wieder aus dem Grabe materialistischen Stoffeswahnes herausführt und die Türe öffnet in die verlorene und vergessene Welt des Geistes."

Max Plank folgert aus seinen wissenschaftlichen Erkenntnissen nicht nur die Existenz Gottes, sondern auch, daß der immaterielle „Geist" die eigentliche Substanz des Lebens ist. Das, was wir als Menschen doch auch von uns sagen, daß wir geistig seiend sind. Der Geist ist mit irdischen Apparaten nicht meßbar, weil die Substanz viel zu fein ist, und doch wird keiner leugnen, daß er ihn hat, besser gesagt, daß er als Mensch auch geistig ist. Es ist eigentlich das, was den Menschen erst zum Menschen macht. Sonst wären wir nur Körper. Die Vorstellung als solche widerstrebt einem schon.

Daß es eine sprachliche Unterscheidung zwischen Geist und Körper gibt, trifft eigentlich schon das Richtige, denn der Geist ist von *selbständiger* Art, er existiert auch noch, wenn der grobstoffliche Körper ausgedient hat, sich auflösen muß. Sein Ursprung liegt im geistigen Reich, wo er als Geistkeim eine Wanderung in die stoffliche Schöpfung antreten muß, um sich durch vielfältigstes Erleben *entwikkeln* zu können, um dereinst als vollbewußt gewordener Geist zurückkehren zu können zu seinem Ursprung. Also auch hier die gleichen Grundzüge: die Entwicklung und das überall wirkende Gesetz des Kreislaufes.

Woher aber nimmt das *Geistwesen* „Mensch" seine Inspiration (Spiritus - „Geist")?

Das betrifft die Welt des Geistes wie auch den Geist Gottes.

Aus Ihm schöpfen und empfangen wir alle Kräfte, die in und um uns wirken. Aus dieser Quelle speist sich auch die wirkliche „Kunst", im Empfangenkönnen dieser Kraft entstehen auch die sichtbar *inspirierten* Werke.

Der Einwand des Rationalisten, daß alles aus dem Gehirn kommt, ist *überholt*!

Ich würde sagen, da ist dem Gehirn ein bißchen zuviel der Ehre angetan, wollte man ihm alles Unerklärliche anlasten. Der Rationalist muß das natürlich denken, da er ja der Meinung ist, daß es nur das gibt, was er mit seinen irdischen Augen schauen und erkennen kann; zumindest muß es irgendwie meßbar sein. Aber wirken nicht eherne Gesetze um uns, die wir selber nicht sehen können, aber deren Auswirkungen wir sehr wohl erleben?

Merkwürdig ist das mit den Empfindungen, die wir auch nicht sehen, aber im Sonnengeflecht spüren (Bauch), nicht im Gehirn! Dort ist nämlich der Sitz des Geistes! Täglich hören wir Radio oder sehen Bilder im Fernsehen, und diese Wellen und Ströme, die für die Übertragung nötig sind, sehen wir auch nicht, und doch zweifelt deren Existenz heute keiner mehr an! Warum? Weil sich unsere Sicht verändert, unser Weltbild eine Erweiterung erfahren hat!

GB Auszug: „Erwachet!"

... „Denn wie kann ein Mensch zum Beispiel noch behaupten, daß nur das ist, was er sieht? Daß dort, wo er mit seinen Augen nichts bemerken kann, kein Leben ist? Daß mit dem Sterben seines Körpers auch er selbst aufhört zu sein, nur weil er sich bisher in seiner Blindheit durch sein Auge nicht vom Gegenteil überzeugen konnte? Weiß er nicht schon von vielen Dingen jetzt, wie eng begrenzt die Fähigkeit des Auges ist? Weiß er noch nicht, daß sie mit der an Raum und Zeit gebundenen Fähigkeit seines Gehirnes zusammenhängt? Daß er aus diesem Grunde alles, was sich über Raum und Zeit erhebt, mit seinem Auge nicht erkennen kann? Wurde noch keinem dieser Spötter solche logische Verstandesbegründung klar?
Das Geistesleben, nennen wir es auch das Jenseits, ist nun etwas, das völlig über der Raum- und Zeiteinteilung steht, das also einen gleichartigen Weg benötigt, erkannt zu werden.

Doch unser Auge sieht nicht einmal das, was sich in Raum und Zeit einteilen läßt. Man denke an den Wassertropfen, von dessen unbedingter Reinheit jedes Auge zeugt und der durch ein verschärftes Glas betrachtet Millionen Lebewesen birgt, die sich darin erbarmungslos bekämpfen und vernichten. Sind nicht manchmal Bazillen in dem Wasser, in der Luft, die Kraft besitzen, Menschenkörper zu zerstören und die dem Auge nicht erkennbar sind?
Sie werden aber sichtbar durch die scharfen Instrumente.
Wer will es daraufhin noch wagen zu behaupten, daß Ihr nichts Neues, jetzt noch Unbekanntes schaut, sobald Ihr diese Instrumente verschärft? Verschärft sie tausendfach, millionenfach, das Schauen wird deshalb kein Ende finden, sondern immer neue Welten werden sich vor Euch erschließen, die Ihr vorher nicht sehen konntet, auch nicht fühlen, doch waren sie vorhanden.
Logisches Denken bringt die gleichen Folgerungen auch auf alles, was die Wissenschaften bisher sammeln konnten. Es gibt Ausblick auf dauernde Fortentwicklung, doch niemals ein Ende" ...

Johannes Brahms über seine Inspiration beim Komponieren in einem Gespräch mit dem Musikjournalisten Arthur Abell, im Spätherbst 1896 in Wien.

Johannes Brahms (1833 – 1897) – gekürzter Auszug:
Auf die Frage nach seiner Inspiration zitiert Brahms zunächst die Jesusworte aus dem Johannesevangelium „Der Vater, der in mir wohnt, tut diese Werke. Wer an mich

61

glaubt, der wird diese Werke auch tun, die ich tue, und wird größere denn ich tun." Im weiteren spielt er auf eine Äußerung von Ludwig van Beethoven an, der einmal erklärt hatte: „ Als ich diese Stelle schrieb, war ich mir bewußt, von Gott dem Allmächtigen inspiriert worden zu sein."

Brahms sagte dazu: Beethoven empfand das Gleiche wie ich. Mit der Allmacht in Verbindung zu treten geschieht nicht nur durch die Willenskraft über das bewußte Denken, das ein Entwicklungsprodukt des physischen Bereiches ist und mit dem Körper stirbt. Es kann nur durch die inneren Seelenkräfte geschehen – durch das wirkliche Ich, das den Tod körperlich überlebt. (Geist und Seele) Diese Kräfte *ruhen* für das bewußte Denken, wenn sie nicht vom Geist erleuchtet werden."

Dann beschreibt Brahms sehr konkret, wie sich die Inspiration in ihm vollzieht:

„Wenn ich den Drang in mir spüre, wende ich mich zunächst direkt an meinen Schöpfer und stelle Ihm zuerst die drei in unserem Leben auf dieser Welt wichtigsten Fragen – woher, warum, wohin?

Ich spüre unmittelbar danach Schwingungen, die mich ganz durchdringen. Sie sind der Geist, der die inneren Seelenkräfte erleuchtet, und in diesem Zustand der Verzückung sehe ich klar, was bei meiner üblichen Gemütslage dunkel ist; dann fühle ich mich fähig, mich wie Beethoven von oben inspirieren zu lassen. In solchen Augenblicken wird mir die ungeheure Bedeutung der höchsten Offenbarung Jesu bewußt: Ich und der Vater sind eins! Ideen strömen auf mich ein, direkt von Gott; ich sehe nicht nur

bestimmte Themen vor meinem geistigen Auge,
sondern auch die richtige Form, in die sie gekleidet
sind, die Harmonien und die Orchestrierung. Takt
für Takt wird mir das fertige Werk geoffenbart. Ich
muß jedoch darauf achten, daß ich das Bewußtsein
nicht verliere, sonst entschwinden die Ideen. Der
Geist ist das Licht der Seele. Der Geist ist allumfassend. Der Geist ist die schöpferische Energie des
Kosmos."

Und diese schöpferische Energie wird durch innere Einstellung aus dem kosmischen Bewußtsein *empfangen!*
Wenn so etwas möglich ist, ein Empfangen „überirdi-
scher" (über das Irdische hinausgehender) Kräfte, und
das steht ja außerhalb jeden Zweifels, so ist das wiederum
ein Beweis *für* die Existenz Gottes!

Visionen als Gehirnsoftware

Zitat Dawkins:

„Als Kind hörte ich einmal ein Gespenst: Eine Stimme murmelte wie bei einem Vortrag oder Gebet. Die Worte konnte ich fast, aber nicht ganz verstehen, und sie schienen mir einen ernsten, erhabenen Klang zu haben. Ich hatte Geschichten von Geheimkammern in alten Häusern gehört und fürchtete mich ein wenig. Dennoch stand ich auf und schlich mich in die Richtung, aus der das Geräusch kam. Beim Näherkommen wurde es lauter, und dann machte es in meinem Kopf plötzlich ‚klick‘. Ich war jetzt so nahe herangekommen, dass ich erkennen konnte, was es war: Der Wind pfiff durch das Schlüsselloch und machte ein Geräusch, auf dessen Grundlage die Simulationssoftware in meinem Gehirn eine männliche, ehrwürdig klingende Stimme konstruiert hatte. Wäre ich als Kind leichter zu beeindrukken gewesen, ich hätte möglicherweise nicht nur unverständliches Sprechen „gehört", sondern auch einzelne Wörter oder sogar Sätze verstanden. Und wenn ich nicht nur leicht zu beeinflussen, sondern auch religiös erzogen gewesen wäre, wer weiß, welche Worte mir der Wind dann zugeflüstert hätte."

Diese kleine Geschichte reiht sich in eine Unzahl tatsächlich von vielen Menschen erlebter Geschichten ein, die bisher keine wirkliche Erklärung fanden. Der Autor beruft sich wieder einmal auf den Alleskönner „Gehirn"! Dem schließen wir uns jedoch nicht an, denn es gibt eben mehr zwischen Himmel und Erde, als sich die Schulweisheit träumen läßt!

Um diese Dinge richtig einzuordnen, müssen wir wieder auf das feinstoffliche Reich zurückkommen!

Ist die irdische Form zerbrochen, öffnet sich der „Kokon", und heraus kommt ein „Schmetterling", der den irdischen Begrenzungen nicht mehr unterworfen ist; und der Geist setzt in seiner feineren Hülle, so selbstverständlich, wie die Wandlung der gefräßigen Raupe in einen Schmetterling sich vollzieht, im Jenseits seine Entwicklung fort.

Wie man sich vielleicht vorstellen kann, ist es mit *einem* Erdenleben nicht getan, und dennoch gehen wohl die meisten Menschen von nur einem Erdenleben aus, was viele Fragen offenläßt! Die Natur hat es nun einmal so eingerichtet, daß es den in seiner Entwicklung unfertigen Menschen, der noch vielfältiges Erleben auf der Erde nötig hat, immer wieder zu einer neuen Daseins-Form zur Erde zieht, bis er, durch seine auf Erden erworbene geistige Reife, seinen Aufstieg in das geistige Reich beginnen kann. Dieses Wissen um mehrere Erdenleben war bereits in vielen Kulturen fest verankert. Alle Menschen, die diese Erde bewohnen, haben schon eine ganze Reihe von Inkarnationen in verschiedenen Epochen und Ländern erlebt. Dieses Wissen ist wiederum ein Schlüssel für vieles heute noch Unerklärliche. Auch läßt es die *Gerechtigkeit Gottes* in einem ganz anderen Licht erscheinen!

Mit dieser Erkenntnis lassen sich durchaus auch Schlüsse ziehen aus dem von Richard Dawkins' angeführten Erlebnis und seiner daraus abgeleiteten Sicht der Dinge.

Phantasie und Einbildung oder Angst mögen gewiß auch einmal eine Rolle spielen und Bilder produzieren, die in

„*seinen*" abgesteckten Rahmen passen. Doch alles läßt sich *nicht* in den kleinen Rahmen ‚Gehirnsoftware' zwängen. Gerade bei Kindern treten häufig Phänomene auf, die dann von Erwachsenen schnell als Unsinn verworfen werden. Ich selbst hatte die Freude, eine Dame kennenzulernen, deren kleiner Sohn bis zu ca. zwölf Jahren die kleinen Wesenhaften (Naturwesen wie Elfen, Gnome usw.) sehen konnte. Er hatte Glück, denn seine Mutter wußte um diese Dinge, und so wurde dieses Schauen ganz natürlich aufgenommen. Wie würde es wohl Dawkins' Kind ergehen, sollte es die Gabe haben, eine Elfe zu schauen? Auch der Rationalismus kann ein Kind unglücklich machen!

Wir könnten bei der oben erzählten Begebenheit einmal eine ganz andere Möglichkeit in den Raum stellen, nämlich, daß der Schriftsteller diese ihm *erhaben* erscheinende Stimme, die einen Vortrag hielt oder ein Gebet sprach, tatsächlich gehört hat, vielleicht zur Mahnung gegen das Vergessen; denn eventuell war er selbst in einer früheren Inkarnation der von ihm so geschätzte „Darwin" – Dawkins / Darwin; seltsamerweise ist hier eine verblüffende Ähnlichkeit vorhanden. Nehmen wir nur einmal an, es wäre so, dann ist es durchaus denkbar, daß ihm eine Mahnung auf diesem Wege mitgegeben werden sollte. Denn wie wir wissen hat der Atheismus im Leben dieses Schriftstellers tiefe Wurzeln geschlagen. Vielleicht eine Mahnung, nicht wiederum in die gleichen Fehler zu verfallen?

Nun ja, das ist einmal *so dahingestellt* und rein hypothetisch, wirft aber ein Licht darauf, wie komplex diese Dinge tatsächlich zusammenhängen können.

Und dann ... steht er mutig auf und sucht die Ursache, er hört ein Geräusch, plötzlich macht es in seinem Kopf ‚klick‘, und er findet die Lösung des Rätsels: der Wind, der durch das Schlüsselloch pfeift. Dieses ‚klick‘ ist das Umschalten auf den „rationalen" Verstand, der sagt: Es muß ja eine mit dem Verstande zu erklärende Lösung dieses Problems geben.

Jetzt hat er sie gefunden, der Verstand!

Es konnte der Wind, aber es konnte auch genauso gut etwas anderes gewesen sein, denn das Pfeifen des Windes hat in der Regel keinen erhabenen Klang („eine männlich ehrwürdig klingende Stimme!").

Die irdische Hülle ist bei Kindern noch nicht so dicht wie bei dem erwachsenen Menschen, und das ist auch der Grund, warum bei Kindern diese Erscheinungen häufiger auftreten, denn das Wissen um das jenseitige Leben ist noch eine Zeitlang in unserer Erinnerung vorhanden und durchstrahlt das noch junge Erdenleben. Wenn wir in die Augen kleiner Babys blicken, so scheint es oft, als würden sie noch etwas ganz anderes sehen, als stünden sie noch ein bißchen in beiden Welten.

In seinem Text bringt R.D. als Argument eine hohle Maske aus Plastik, die Einstein darstellt, um zu beweisen, wie großartig das Gehirn funktioniert und Dinge simulieren kann, die nicht vorhanden sind. Unbestreitbar ist es bewunderungswürdig, was dem Gehirn tatsächlich alles möglich ist. In diesem Fall verwandelte sich nach R. Dawkins' Beobachtung diese Maske bei Drehung in ein vollständiges festes Modell, es entsteht der Eindruck eines vollständigen Gesichtes (von mir vereinfacht dargestellt.). Oder er sieht ein riesiges rundes Gesicht voll unaussprechlicher

Boshaftigkeit aus dem Fenster eines ganz normalen Hauses schauen, das sich nach seiner Überprüfung als ein Muster durch einen bestimmten Fall einer Gardine erweist. Dem ließe sich vieles hinzufügen: Wie oft sieht man in den Wolken Gesichter und Gestalten, auch manchmal in den Bäumen, im Moos, in den Felsformationen, die sich dann bei genauerem oder schärferem Hinsehen wieder als Wolke, Baum oder als Felsen entpuppen. Hierauf wollen wir noch einmal zurückkommen.

Zitat R.D.

„All das soll hier dazu dienen, deutlich zu machen, wie leistungsfähig die Simulationssoftware unseres Gehirnes ist. Sie kann ohne weiteres Visionen und Erscheinungen von höchster Überzeugungskraft konstruieren. Einen Geist, einen Engel oder die Jungfrau Maria zu simulieren wäre für eine derart hochentwickelte Software ein Kinderspiel. Das Gleiche gilt auch für das Hören" ...
„Modelle zu konstruieren versteht das menschliche Gehirn sehr gut, geschieht es im Schlaf, bezeichnen wir das als Traum; wenn wir wach sind, sprechen wir von Phantasie oder bei einer besonders lebhaften Ausprägung von Halluzinationen. Wie ich in Kapitel 10 genauer darlegen werde, sehen Kinder, die Phantasiefreunde haben, diese manchmal so deutlich vor sich, als wären sie Wirklichkeit. Wenn wir leichtgläubig sind, erkennen wir in Halluzinationen oder lebhaften Träumen nicht das, was sie sind, sondern wir behaupten, wir haben einen Geist gesehen oder gehört; oder einen Engel oder Gott;

oder – insbesondere wenn wir zufällig weiblich, jung und katholisch sind – die Jungfrau Maria. Solche Visionen und Erscheinungen sind sicher kein stichhaltiger Grund für die Überzeugung, es müsse Geister oder Engel, Götter oder Jungfrauen tatsächlich geben."

Um Klarheit zu schaffen, müssen wir hier erst einmal eine Sortierung vornehmen.

Die von Dawkins angeführten Beispiele, die ein Zeugnis über die Leistungsfähigkeit des Gehirns abgeben sollen, wollen wir uns einmal etwas genauer betrachten. Denn bei genauem Hinschauen wird schon eines klar, daß er, angetrieben von seinem Streben, seine Theorien zu beweisen, wieder einmal gründlich übertreibt.

Die Beispiele, die hier angeführt werden, wie die Einstein-Maske oder das Gesicht, das ihn erschreckte, wurden ausschließlich durch grobstofflich vorhandene Dinge ausgelöst. Es ist also keineswegs so, daß hier etwas Feinstoffliches in irgendeiner Form in Erscheinung getreten wäre! Diese Art der Wahrnehmung gehört in den Bereich des irdisch Sinnlichen. Als Malerin sehe ich unentwegt Gesichter, überall. Einer, der Tiere liebt, mag diese in den grobstofflichen Formen entdecken usw. Das aber hat nichts mit den Göttern, Geistern und Engeln zu tun.

Diese vom Verstand konstruierten Bilder sind Täuschungen, die durch schon vorhandene Formen hervorgerufen werden, wie eben der Fall eines Vorhanges, einer Felsformation und, und, und ... Anscheinend ist auch das Gehirn bestrebt, Unvollständiges zu vervollständigen,

Unvollkommenes zu vervollkommnen ... das wiederum gehört zum natürlichen Streben des Geistes, das vermutlich das Gehirn in dieser Weise beeindruckt.

Es kommt mir gerade in den Sinn: *Weil es Entwicklung gibt, existiert kein Gott.* Wie sich die Bilder doch gleichen!

Was eine „blühende Phantasie" produziert, sind und bleiben Verstandesprodukte. Bei dem Wort „Phantasie" schwingt schon etwas Ungesundes mit. Vom Verstand erzeugte „Phantasiegebilde" sind meist abstruse Kopfgebilde, die kein wirkliches Leben haben können! Es hat keine Verbindung mit der Wirklichkeit, deshalb müssen derartige Gedankenformen schemenhaft verbleiben und zerflattern zum Glück schnell und gehören damit eindeutig zur „Gehirnsoftware", wie R.D. sich ausdrückt!

GB. Auszug: „Meidet die Pharisäer"

„Doch welcher Unsinn kommt dabei so oft zutage! Betrachten wir uns nur einmal einige der phantastischen Erzählungen, die über Marsmenschen geschrieben und gedruckt wurden!
Jede Zeile davon zeigt Verständnislosigkeit den Gottgesetzen in der Schöpfung gegenüber. Und schließlich müssen wir ja den Mars wie alles andere zur *Schöpfung* rechnen.
Es werden Kreaturen da geschildert, die tatsächlich einer *kranken* Phantasie entspringen, in dem Gedanken wurzelnd, daß die Menschen dort ganz anders gestaltet sein müssen als hier auf der Erde, weil der Mars ein *anderer* Planet ist.

Die Klärungen darüber kommen durch das Kennen-
lernen der Schöpfungsgesetze.

Dieses Kennen der Gesetze eröffnet dann den Ge-
lehrten und den Technikern ganz andere Ausblicke
mit genauen Grundlagen, und es bringt damit auch
auf allen Gebieten ganz andere Fortschritte und Er-
folge.

Ich sagte schon oft, daß gar kein Grund vorhanden
ist, sich etwas anders zu denken in der Schöpfung,
weil es von der Erde entfernter sich befindet oder
mit grobstofflichen Augen nicht aufzunehmen ist.
Die Schöpfung ist aus *einheitlichen* Gesetzen erstan-
den, ist ebenso einheitlich in ihrer Entwicklung und
wird auch ebenso einheitlich erhalten. Es ist falsch,
darin einer angekränkelten Phantasie freien Lauf zu
lassen oder sie auch nur zu beachten.

Jeder *Mensch* der Nachschöpfung ist ein Abbild der
urgeschaffenen Ebenbilder Gottes.

In der ganzen Schöpfung tragen die Menschen
deshalb nur die eine ihnen als Mensch bestimmte
Form, mehr oder weniger veredelt. Aber die Form
an sich ist immer zu erkennen und kann nicht etwa
drei Beine haben oder durchweg nur ein Auge in
der Mitte des Kopfes, es sei denn, daß es sich um
eine hier und da einmal einzeln vorkommende Miß-
geburt handelt. Darin liegt aber nichts Grundlegen-
des." ...

Diese Ausführungen beantworten auch gleichzeitig die
von Sir John Polkinghorne angestellten Überlegungen
zur *Existenz Gottes*:

... „ein zweiter Grund: Es wurde vielfach bemerkt, daß Leben auf Kohlenstoffbasis unmöglich wäre, wenn die Naturgesetze und -konstanten, wie wir sie beobachten, nur geringfügig anders wären. Ich stimme hier mit dem Philosophen John Leslie überein, daß dies kein bloßer Zufall ist, sondern es entweder viele Universen mit ganz unterschiedlichen Naturkonstanten gibt und unseres die Existenz von Menschen zufällig möglich gemacht hat, oder daß unser Universum gezielt geschaffen wurde."

Die absolute Einheitlichkeit der in der Schöpfung wirkenden Gesetze! Diese Tatsache kann wiederum nur einen Schluß zulassen, daß unser Universum gezielt erschaffen wurde!

Jetzt wollen wir aber nach dieser kleinen Abschweifung wieder zurück zu unserem Ausgangspunkt.
Ich kenne keinen einzigen Fall, wo Phantasie ein wirkliches, konkretes, in der Materie sichtbares Bild oder Gebilde erzeugt hätte. Schließlich hat Phantasieren nichts mit der Wirklichkeit zu tun.
Die feinstoffliche Welt ist aber Wirklichkeit, in der sich auch jene Seelen aufhalten, die die Erde bereits verlassen haben, die oft selbst nicht an diese Möglichkeit eines Weiterlebens dachten und nun das Bedürfnis haben zu zeigen, daß sie ja noch weiterexistieren und es ein Leben nach dem Tod gibt!
Wir erschließen uns hier das Gebiet der *übersinnlichen* Wahrnehmung, das naturgemäß, wie es das Wort „übersinnlich" schon ausdrückt, erklärt, daß es sich dabei um

Dinge handeln muß, die mit unseren grobstofflichen Sinnen nicht wahrnehmbar sind!

Und deshalb ist es doch klar, daß es auch Geister geben muß! Dieses Wissen ist auch der Schlüssel für manche psychiatrisch zu behandelnde Krankheit wie Schizophrenie.

Wenn wir diese Tatsache unseren Überlegungen zugrunde legen, sehen wir schon, daß es nicht möglich ist, alles über einen Kamm zu scheren. Sogenannte Gespenstergeschichten gibt es zuhauf, es wären sicher große Archive damit zu füllen.

Visionen, wie wir sie von den vier etwa elfjährigen Mädchen aus dem nordspanischen kleinen Bergdorf Garabandal kennen, von der 14jährigen Bernadette Soubirous aus Lourdes, den drei Kindern aus Fatima, den Seherkindern von Medjugorje, einem damals noch jugoslawischen Dorf, und vielen anderen großen und kleinen Sehern. Ihre Schauungen waren oft mit sehr ernsten, konkreten Warnungen an die Menschen verbunden und müssen als authentisch angesehen werden. Sie alle mußten hochnotpeinliche Untersuchungen und Verhöre von Ärzten und Kirchenfürsten über sich ergehen lassen! Wobei jeder Täuschungsversuch ausgeschlossen werden mußte. In Garabandal, in Fatima und Medjugore wurden mehrere Kinder hellsehend, die alle das gleiche wahrnahmen, sahen und auch hörten. Sie konnten diese wunderbare Frau z.B. in Fatima „Strahlender als die Sonne" alle beschreiben. Diese Tatsache widerlegt schon *eindeutig* Dawkins' These, daß das Gehirn der Erzeuger solcher Erscheinungen ist.

Hier kommt nämlich wieder das gleiche Phänomen zum Tragen wie bei der Wahrnehmung der früheren Götter. Es ist ein Schauen mit den Augen der feinstofflichen oder der wesenhaften Hülle, je nach Art der Erscheinungen. Andere Menschen, die am gleichen Ort anwesend waren, vermochten diese nicht zu sehen. Die Tatsache, daß es sich fast in allen Fällen um vollkommen einfache und ungebildete Kinder und Jugendliche handelte, die solcher Schauungen gewürdigt wurden, läßt vermuten, daß der großgezogene Verstand als solcher eher hinderlich ist.

Visionen und Prophezeiungen, wie wir sie zum Beispiel aus der Bibel kennen, sind von dem *Geiste*, dem eigentlichen Wesenskern der Menschen, aufgenommene Eindrücke.

(... „und so schwingt sich mein Geist über diese so viele Millionen Meilen entfernten Gestirne hin zur Urquelle" ...)

Im Gesetz der Gleichart schwingend ist es nur dem „Geist" möglich, der seine Wurzeln im geistigen Reich hat, derart hohe Kündungen und Schauungen, wie sie gerade im alten Testament geschildert werden, aus lichten Reichen aufzunehmen. Diese geistigen Bilder und Eindrücke oder auch Einprägungen werden dann vom Geist (Sonnengeflecht) an das Kleinhirn weitergeleitet, dann vom Vorderhirn aufgenommen und ins Irdische verdichtet.

Das vordere Gehirn *verarbeitet* nur die aufgenommenen Bilder und Eindrücke für irdisches Begreifen.

Im schon erklärten Zusammenhang ist auch das Erleben der Hirten zu sehen, die den Engel des Herrn sahen, der ihnen die Geburt des Gottessohnes angekündigt hat. Desgleichen auch die Schauungen lichter weiblicher Gestalten, von R.D.„Jungfrauen" genannt, wobei es sich aber keineswegs um die irdische Gottesmutter Maria handeln muß.

Herbert Vollmann, „Religiöse Themen in neuer Sicht". Auszug: „Die Himmelskönigin."

Johannes erschaut in der ihm gegebenen Offenbarung ein „Weib, mit der Sonne bekleidet" (Kap. 12). Seit vielen Jahrhunderten sinnen die Menschen über diese geheimnisvolle Frau nach, und verwirrend ist die Fülle der Deutungen darüber. So heißt es, die Frau müsse als Personifikation der Kirche bzw. der christlichen Gemeinde betrachtet werden, es könne aber auch ein Sinnbild für Israel, für die Gottesgemeinde des Alten Testamentes sein. Sehr verbreitet ist die marianische Deutung, die besagt, es handele sich hier um die Messias-Mutter, also um die Erdenmutter Jesu, und das zusammen mit ihr erwähnte Kind sei Jesus.
Hierzu äußerte sich der Theologe D. Johannes Weiss in den „Schriften des Neuen Testamentes" (1908) wie folgt: „Achten wir zunächst auf die Gestalt der Messias-Mutter.
Die christliche Auslegung hat das Bild natürlich auf die himmlische Maria bezogen; Dürer, Murillo u.a. haben die Himmelskönigin nach diesem Bilde dargestellt, wie sie auf der Mondsichel steht, vom Glanz der Sonne umstrahlt ist und den Sternenkranz auf ihrem Haupt trägt. *Sicher ist aber, daß der christliche Apokalyptiker mit keinem Gedanken an Maria gedacht hat. Von einer himmlischen Herkunft oder einer Himmelfahrt der Mutter Jesu weiß das alte Christentum nichts.*

75

Die Maria der Evangelien ist noch ganz menschlich gezeichnet.

Umso lebhafter bedrängt uns die Frage: Was konnte nur der christliche Herausgeber der Offenbarung, was konnten seine Leser sich unter der Gestalt denken? Um es hier gleich zu sagen: Geschaffen ist sie überhaupt nicht von christlicher Phantasie; kein Christ wäre von sich auf den Gedanken gekommen, die Messias-Mutter so ganz anders als in den Evangelien darzustellen ..."

So gibt es noch andere Deutungen und Kombinationen einzelner Deutungen.

Bei jeder bleiben Widersprüche zum Text, weil die Schilderungen und Bilder im Kapitel zwölf, wie überhaupt in der ganzen Offenbarung, viel zu menschlich-irdisch aufgefaßt werden. ...

In Wirklichkeit ist die Frau, die Johannes sieht, die Himmelskönigin oder Urkönigin, die den Namen Elisabeth trägt. Ihre Heimat im göttlichen Reiche liegt unermeßlich weit über dem geistigen Reiche (Paradies), das die Wiege der Menschengeister ist. Es ist also mit der Frau weder sinnbildlich die Kirche gemeint noch Maria, die Erdenmutter Jesu. Diese hat ihren Ursprung als Menschengeist im geistigen Reiche und kann nie die Grenze nach oben überschreiten und in das göttliche Reich gelangen zu dem Ursprungsort der Himmelskönigin, die auch Urmutter genannt werden kann, obgleich sie Jungfrau ist. Sie wirkt in der strengen Gottesliebe und ist das Urbild aller Weiblichkeit in der Schöpfung ...

Die Urkönigin selbst kann der Mensch nicht sehen, weil er mit seiner geistigen Art Göttliches

nicht erkennen und zu erfassen vermag. Er kann nur auf dem Gnadenwege darüber Kunde erhalten. Die Kraft eines solchen Strahlungsbildes vermag, wenn der Boden dazu seelisch bereitet ist, unerwartete Hilfen zu geben, die wie Wunder wirken. Zuweilen wird Begnadeten das Strahlungsbild der Urkönigin mit einem Knaben gezeigt, so wie ihn Johannes sah. Dieser Knabe ist Parzival ..."
Eine ausführliche Erklärung, was es mit der Urkönigin und Parzival auf sich hat, finden wir in der Gralsbotschaft „Im Lichte der Wahrheit" in dem Kapitel „Die Urkönigin".

Vielen Sehern erschien ein Strahlungsbild der Urkönigin Elisabeth mit dem Fuß auf einer Mondsichel stehend, mit einem Kind im Arm oder auch ohne. Die Heeder Seherkinder fragten die lichte Erscheinung, unter welchem Namen die Madonna verehrt werden wollte, und bekamen den Bescheid, „Königin des Weltalls". In Guadalupe erscheint auf einem Umhang eines Indio-Seherkindes das Bildnis einer weiblichen Gestalt im Strahlenglanz auf der Mondsichel stehend, im Sternenmantel, das sich vom 16. Jh. bis auf den heutigen Tag makellos erhalten hat. Die jugoslawischen Kinder sahen eine schwebende weibliche Gestalt über einem Hügel, die auf ein Neugeborenes wies, das sie in ihrem Arm trug. In Zeitung, Ägypten, erschien 1968, vom Fernsehen gefilmt, eine schwebende, weibliche Gestalt im Strahlenglanz und eine Taube über ihrem Haupte; diese Erscheinung wiederholte sich unter den Augen vieler Menschen in unregelmäßigen Abständen. Die Hirtenkinder von Fatima glaubten zunächst, einen Engel zu sehen, erblickten jedoch später auf einer

Steineiche eine weißgekleidete Frau, „glänzender als die Sonne; sie strahlte Licht aus, klarer und stärker als ein Kristallglas, das voll Kristallwasser von den Sonnenstrahlen durchquert wird" ...

Heute werden alle derartigen Erscheinungen grundsätzlich als „Maria" gedeutet, weil man keine andere Erklärung hat oder sich auch nicht um eine weitergehende Klärung bemüht.

Gerade dieses Beispiel zeigt aber auch, wie leicht Irrungen zu einem *festen Bestandteil* in den Anschauungen werden können, wenn klare logische Überlegungen dabei fehlen. „Weil man es sich so denkt, deswegen muß es auch so sein!"

Fazit: Es ist uns bei unseren Betrachtungen ausschließlich bei dem Begriff „Phantasie" gelungen, sie in die „Software" des Gehirns einzureihen, alle anderen, von R.D. herangezogenen Fälle, sind in keiner Weise in diese Kategorie einzuordnen. Es handelt sich hier nicht um die vielbemühte „Gehirnsoftware", sondern um ein geistiges Schauen!

Auch das Träumen fällt in das Erleben des Geistes, denn...

GB. Auszug: „Der Name"

„Sogar beim Schlaf des grobstofflichen Körpers erfolgt eine Lockerung des festen Anschlusses der Seele, weil der Körper im Schlafe eine andere Ausstrahlung gibt, die nicht so festhält, wie die für den festen Anschluß bedingte. Da diese aber noch zugrunde liegt, erfolgt nur eine Lockerung keine Trennung.

Diese Lockerung wird bei jedem Erwachen sofort wieder aufgehoben ..."

GB. Auszug: „Und Tausend Jahre sind wie ein Tag"

„Der Mensch kann sich das am besten vorstellen, wenn er an seine Träume denkt! Darin vermag er oft während einer einzigen Minute Erdenzeit sein ganzes Menschenleben durchzuempfinden, *im Geiste wirklich zu erleben*! Er erlebt dabei die freudigsten wie die schmerzvollsten Dinge, lacht und weint, erlebt sein Altern und hat dabei doch nur die Zeit einer einzigen Minute verbraucht. Im Erdenleben selbst würde er zu diesem gleichen Erleben viele Jahrzehnte benötigen, weil Zeit und Raum des irdischen Erlebens zu eng begrenzt sind und dadurch jede einzelne Stufe langsamer vorwärtsschreitet.
Und wie der Mensch auf Erden nur im Traume so schnell erleben kann, weil dabei von dem Geiste durch den Schlaf die Fessel des Gehirnes teilweise abgestreift ist ..."

Da auch das Gehirn an Raum und Zeit gebunden ist, wird klar, daß die Träume tatsächlich ein Erleben des Geistes sind und nicht als Tätigkeit einer phantastischen „Gehirnsoftware" in Erscheinung treten!

An dieser Stelle wollen wir uns Richard Dawkins' Aussagen noch einmal ins Gedächtnis rufen!

R.D.

„Solche Visionen und Erscheinungen sind sicher kein stichhaltiger Grund für die Überzeugung, es müsse Geister oder Engel, Götter oder Jungfrauen tatsächlich geben."

Aus unserer erweiterten Sicht sieht das Ganze nun schon etwas anders aus. Wie es sich jetzt unter diesen neuen Gesichtspunkten darstellt, ist diese Aussage nur eine vage Vermutung des Schriftstellers, weil er ja seine Ideen auf irgendeine Grundlage stellen muß. Und das ist in diesem Fall, wie sollte es auch anders sein: „die Gehirnsoftware" (es ist schließlich ein Kinderspiel für unser Gehirn, das alles zu produzieren!).
Aus unserem Blickwinkel stellen wir fest: Es gibt sie, die Geister, Engel, die „Götter" und auch die Jungfrauen.
Wenn es sie aber tatsächlich gibt, und das kann nicht bezweifelt werden, so muß GOTT natürlich ebenfalls existieren!

Gesetze, Ordnung und Feinstofflichkeit

Wie wichtig diese Kenntnis der feinstofflichen Bereiche ist, die einen ganz entscheidenden Teil der Schöpfung ausmachen, können wir schon den wenigen, hier angeführten Beispielen, entnehmen. Durch das Einbeziehen eines für uns unsichtbaren Schöpfungsteiles öffnen sich plötzlich Türen, die uns bisher verschlossen waren. Es wirft ein ganz neues Licht auf bisher unverstandene Vorgänge.
Und hier liegt auch die Lösung so vieler Rätsel!

Auszug aus dem Buch „Der Gotteswahn" v. R.D.

„Pascal Boyer erforschte das Volk der Fang in Kamerun. Dort... wird erzählt, Zauberer hätten ein tierähnliches, inneres Ersatzorgan, das nachts davonfliegt und anderer Leute Ernten zerstört oder ihr Blut vergiftet. Ferner heißt es, von Zeit zu Zeit würden sich diese Zauberer zu einem gigantischen Festmahl versammeln, bei dem sie ihre Opfer verzehren und künftige Angriffe planen. Von vielen Fang hört man auch, der Freund eines Freundes habe in der Nacht selbst gesehen, wie die Zauberer über das Dorf hinwegflogen; dabei hätten sie auf einem Bananenblatt gesessen oder auch Zauberpfeile auf ahnungslose Opfer abgeschossen.

Dann fährt Boyer mit einer Anekdote aus seinem eigenen Leben fort:
„Als ich diese und andere Merkwürdigkeiten beim Essen in einem Cambridger College erzählte, drehte

sich einer unserer Gäste, ein bekannter katholischer Theologe, zu mir um und sagte: ‚Genau das macht die Ethnologie so faszinierend und zugleich so schwierig. Sie muß erklären, wie Menschen an solch einen Unsinn glauben können.‘ Ich war sprachlos. Bevor mir die richtige Erwiderung einfiel, die den Nagel auf den Kopf getroffen hätte, wurde bereits über anderes geredet.“

Für Richard Dawkins ergibt sich aus dieser Geschichte folgendes:

„Geht man davon aus, dass besagter Theologe der Hauptrichtung der Theologie angehörte, so glaubt er wahrscheinlich an irgendeine Kombination folgender Aussagen:

• Zur Zeit unserer Vorfahren wurde ein Mann als Sohn einer Frau geboren, die Jungfrau war; ein biologischer Vater war daran nicht beteiligt.

• Derselbe vaterlose Mann sprach zu einem Freund namens Lazarus, der schon so lange tot war, dass es stank, und Lazarus erwachte sofort wieder zum Leben.

• Der vaterlose Mann selbst wurde wieder lebendig, nachdem er tot und seit drei Tagen begraben war.

• Vierzig Tage später stieg der vaterlose Mann auf einen Berg und verschwand dann mit seinem ganzen Körper im Himmel.

• Wenn man sich private Gedanken durch den Kopf gehen lässt, kann der vaterlose Mann (und auch sein ‚Vater‘, der er selbst ist) die Gedanken hören und möglicherweise daraufhin etwas unternehmen. Gleichzeitig hört er auch die Gedanken aller anderen Menschen auf der Welt.

• Wenn man etwas Schlechtes oder etwas Gutes tut, kann der vaterlose Mann es sehen, auch wenn es sonst niemand sieht. Entsprechend werden wir belohnt oder bestraft, zum Teil auch nach unserem Tod.

• Die jungfräuliche Mutter des vaterlosen Mannes ist nicht gestorben, sondern wurde körperlich in den Himmel, aufgenommen‘.

• Wenn Brot und Wein von einem Priester gesegnet werden, ‚verwandeln‘ sie sich in Fleisch und Blut des vaterlosen Mannes.

Was würde wohl ein unvoreingenommener Anthropologe, der noch nie etwas von diesen Überzeugungen gehört hätte und zur Feldforschung nach Cambridge käme, davon halten?“

****

Wenn man von den Schöpfungsgesetzen und ihren Wirkungen keine Kenntnis hat, dann muß jeder vernünftige Mensch eigentlich den Kopf schütteln; und wenn man nicht gläubig ist, wird man diese Auflistung wahrscheinlich generell als bloßen Humbug einstufen. Wir wollen einmal über den leichten Spott hinwegsehen, denn sachlich betrachtet entspricht diese Darstellung dem Sachverhalt in den heutigen Anschauungen! Selbstverständlich kann der Atheist mit all dem *gar nichts* anfangen, denn es läuft *seiner Vorstellung* vom Leben ja grundsätzlich zuwider.

Daß hier spürbare Ungereimtheiten vorhanden sind, das fühlt jeder, der nach innen hört, deutlich, und das läßt sich auch mit dem Satz: „Bei Gott ist alles möglich!" nicht einfach wegwischen. Es ist der „Geist", der hier zu uns spricht, die Empfindung, sie will uns zu erkennen geben: Achtung, hier kann etwas nicht stimmen! Legen wir jedoch zur Einschätzung dieser Aussagen die ehernen Schöpfungsgesetze zugrunde, ein wunderbarer Maßstab übrigens, so lassen sich auch hier die Fehler in dem von uns Menschen errichteten Denkgebäude leicht erkennen.

Punkt 1

„Zur Zeit unserer Vorfahren wurde ein Mann als Sohn einer Frau geboren, die Jungfrau war; ein biologischer Vater war daran nicht beteiligt."

GB. Auszug: „Kult"

„In der Schöpfung wirkt Gott; denn sie ist sein vollkommenes Werk. Und gerade aus dieser Vollkommenheit heraus mußte bei der irdischen Geburt des Gottessohnes auch eine irdische Zeugung vorausgegangen sein. Wer das Gegenteil behauptet, zweifelt an der Vollkommenheit der Werke Gottes. Somit auch an der Vollkommenheit Gottes selbst, aus dessen Willen die Schöpfung hervorging.

Unbefleckte Empfängnis ist eine Empfängnis in reinster Liebe, die im Gegensatz steht zu einer Empfängnis in sündiger Lust! Aber keine irdische Geburt ohne Zeugung.

Wenn eine irdische Empfängnis, also eine irdische Zeugung an sich nicht unbefleckt sein könnte, dann müßte ja jede Mutterschaft als Beschmutzung angesehen werden!"

****

Im Grunde ist es die große Einfachheit der göttlichen Gesetze, die für alles eine untrügliche Richtschnur abgibt und es uns dadurch ermöglicht, das Richtige vom Falschen zu trennen. Wir sprachen schon davon, daß sich alles *innerhalb* dieser Gesetze erfüllen muß! Naturgesetze, wie wir sie erleben, sind die Gesetze Gottes, die nicht abgebogen oder auch umgangen werden können, sonst wären sie ja nicht vollkommen!

Daraus ergibt sich zwangsläufig auch die Unmöglichkeit einer „jungfräulichen" Geburt Jesu im bisher gedachten Sinn!

Punkt 2

„Derselbe vaterlose Mann sprach zu einem Freund namens Lazarus, der schon so lange tot war, dass er stank, und Lazarus erwachte sofort wieder zum Leben."

Nur wenn man davon ausgeht, daß der „Mensch" nicht seine irdische „Hülle" ist, sondern als Persönlichkeit in einer anderen Form weiterexistiert, ist auch dieser Vorgang zu verstehen. Wenn es nur um die irdische Hülle ginge, wäre ein Zurückrufen eines Verstorbenen natürlich nicht möglich.

Der rätselhafte Vorgang dieses sich vor den Augen vieler Menschen abspielenden Wunders hängt auf das engste mit unserer feinstofflichen Existenz zusammen.

Von der Silberschnur, die Leib und Seele verbindet, haben viele Menschen schon gehört. Auch in der Bibel wird von der Silberschnur im Zusammenhang mit dem irdischen Tod gesprochen. So heißt es in Prediger 12, 1, 6 ff: „Denke an deinen Schöpfer in deinen frühen Jahren [...] ehe die *silberne Schnur* zerreißt, die goldene Schale bricht, der Krug an der Quelle zerschmettert wird,... Diese feinstoffliche Verbindung des irdischen Körpers mit der Seele, die Silberschnur, löst sich nicht sofort mit dem irdischen Abscheiden auf, sondern besteht noch einige Tage... in sehr dichtem Zustand (hängt ein Mensch zu sehr am Irdischen), möglicherweise erheblich länger. Auch im Schlaf ist es dem „Geist" möglich, sich mit seinem feinstofflichen Körper von dem irdischen Körper zu lösen, er kann weite Reisen unternehmen und bleibt durch diese feinstoffliche „Silberschnur" mit dem ruhig weiteratmenden, daliegenden Körper verbunden und kann jederzeit in diesen zurückkehren. Hierauf kommen wir noch einmal zurück. Bekannt ist dieser Vorgang unter dem Begriff: „Astralreise". Das berühmteste Beispiel einer Astralreise ist „Die Göttliche Komödie", in der Dante Alighieri berichtet, wie er durch die verschiedenen Ebenen des Jenseits geführt wird und auf dieser seltsamen Reise auch bekannten Persönlichkeiten begegnet.

Lazarus war drei Tage tot: Jesus Christus konnte sehen, daß die Verbindung (die Silberschnur) zwischen dem feinstofflichen Lazarus und seinem grobstofflichen, in Auflösung begriffenen Körper noch intakt war, weshalb der Gottessohn diesen auch in seinen irdischen Körper zurückrufen konnte. „*Göttliche Kraft*" bewirkte dann das Wunder einer schnellen Heilung, eine ungeheure Beschleunigung eines sich im Rahmen der Naturgesetze abspielenden Heilungsprozesses! Man denke an die beinahe augenblickliche Heilung von Aussätzigen durch Jesus, Blinde, Lahme und, und...

Punkt 3

> „Der vaterlose Mann selbst wurde wieder lebendig, nachdem er tot und seit drei Tagen begraben war."

Jesus starb am Kreuze. Seinen Leichnam bettete man in das in der Bibel erwähnte Felsengrab. Auf „höheren Befehl" wurde der Leichnam von Josef von Arimathia und einem Jünger umgebettet in ein Felsengrab, das bis heute nicht entdeckt ist.

Vor dem ersten Felsengrab war der Stein weggerollt, der Eingang lag offen. Ein Engel des Herrn sprach zu den drei herbeigeeilten Frauen: „Was sucht ihr den Lebendigen bei den Toten?"

Nach dem irdischen Abscheiden Jesu sahen etliche seiner Jünger diesen in seiner feinstofflich-geistigen Hülle lebendig vor sich, allerdings sah er anders aus als in seinem irdischen

Dasein, weshalb Thomas, ein Jünger Jesu, zuerst nicht glauben wollte, daß es „Jesus" sei.

(Der ungläubige Thomas.) Dieser Umstand beweist schon, daß es sich nicht um den *irdischen Körper* von Jesus handeln kann, denn diesen hätte Thomas ja zweifelsfrei erkannt.

Auch hier ist kein Umbiegen der Gottgesetze möglich. Jesus wandelte nach seinem Tod nicht grobstofflich auf der Erde. Nicht seine *grobstoffliche* Hülle ist auferstanden, sondern der göttliche Geist. Jesus wurde feinstofflich gesehen! Ein grobstoffliches Auferstehen des Körpers ist in den Schöpfungsgesetzen *nicht* möglich, es sei denn, die Dinge liegen so wie bei Lazarus, wo ein Gottessohn in der *Kraft Gottes* wirkend dieses unglaubliche Wunder vollbringen konnte.

Wäre besagte Silberschnur schon der Zersetzung anheimgefallen (ehe die *silberne Schnur* zerreißt), wäre auch das nicht mehr möglich gewesen!

Punkt 4

> „Vierzig Tage später stieg der vaterlose Mann auf einen Berg und verschwand dann mit seinem ganzen Körper im Himmel."

Wie man sich bereits denken kann, verschwand der „vaterlose" Mann nicht mit seinem irdischen Körper in den Himmel, sondern die versammelten Jünger schauten seine Heimkehr oder auch Himmelfahrt, mit ihren feinstofflichen Augen, sie wurden aus Gnade sehend!

Punkt 5

„Wenn man sich private Gedanken durch den Kopf
gehen lässt, kann der vaterlose Mann (und auch
sein „Vater", der er selbst ist) die Gedanken hören
und möglicherweise daraufhin etwas unternehmen.
Gleichzeitig hört er auch die Gedanken aller anderen Menschen auf der Welt."

Man wird zugeben müssen, daß unter den geschilderten
neuen Aspekten die Zusammenhänge nun viel logischer
und klarer zu erkennen sind.
Wir sind ja eingebunden in die Gesetze, die in der Schöpfung ehern bestehen und sich nach dem Prinzip von „Saat
und Ernte" stets vollkommen und gerecht auswirken. Tut
der Mensch Gutes, so muß auch Gutes auf ihn zurückfallen. Wie man in den Acker ein Samenkorn legt, das bei
günstigen Bedingungen ein Vielfaches an Frucht bringt,
so wirken sich die Gesetze auch unserem *Wollen* entsprechend aus. Hier möchte ich noch einmal auf die Einheitlichkeit der Gesetze hinweisen, die sich im Großen wie
auch im Kleinen stets gleich auswirken müssen! Das Streben nach dem Guten, Aufbauenden, Edlen aber hebt den
Geist, macht ihn leichter, und das führt sogar dazu, daß
schon bestehende dunkle Fäden schnell gelöst werden
können und deren üble Rückwirkungen abgeschwächt
werden, weil dann keine Gleichart mehr vorhanden ist.
Wird die neutrale, die Schöpfung durchströmende Got-
teskraft jedoch durch uns zu Üblem verwendet, kann
die Wechselwirkung nur wie die Saat sein: Der Mensch
wird feinstofflich schwerer (er beschwert oder belastet
sich selbst) ... und sinkt! Durch den freien Willen ist es

aber jedem Menschen jederzeit gegeben, die Richtung zu wechseln und sich von schon vorhandenen Verstrickungen auch zu lösen. Auch hier ist keine Willkür!
So einfach und gerecht sind die Gottgesetze!

Aufsteigend sollst du dich bemühen.
Doch ohne Mühe sinkest du,
Der liebe Gott muß immer ziehen,
Dem Teufel fällt's von selber zu.

Wilhelm Busch

Damit wird schon klar, daß der Schöpfer nicht jeden einzelnen Gedanken der Menschen aufzunehmen braucht, um dann Lohn oder Strafe auszuteilen. Auch hier eine viel elegantere Lösung, der *„Vollkommenheit Gottes"* angemessen!
Es ist doch ganz natürlich, daß sich der Schöpfer, der doch die Liebe selbst ist, sich um das Wohl und Wehe seiner Geschöpfe sorgt und bei Gefahr auch entsprechende Hilfen aussendet, die nur... von uns Menschen jedoch meist *wenig beachtet* werden...!

Punkt 6

„Wenn man etwas Schlechtes oder etwas Gutes tut, kann der vaterlose Mann es sehen, auch wenn es sonst niemand sieht. Entsprechend werden wir belohnt oder bestraft, zum Teil auch nach unserem Tod."

Es ist jetzt nicht mehr schwer, die Dinge richtig einzuschätzen, denn dasselbe gilt natürlich auch für diesen Text. Den *Ist-Stand* unserer Seele, das, was wir im Augenblick des Todes wirklich an Erkenntnissen haben, nehmen wir selbstverständlich mit in das Jenseits und unterliegen auch da den entsprechenden Schöpfungsgesetzen.

Dunkles Wollen und Tun macht schwer, wir sinken dem Gesetz der *Leichtigkeit und der Schwere* entsprechend dorthin, wo wir gleiche Schwere haben. So befinden sich dann alle Gleicharten auf gleicher Stufe, denn im Jenseits gibt es keine Mischung reifer oder unreifer Geister durch dieses einfache Gesetz! Hier können die dorthin Gesunkenen ihre noch anhaftenden Leidenschaften gegenseitig austoben, um im Leiden dieser Ebene zu reifen, um dann durch das einsetzende gute Wollen aufsteigen zu können.

Punkt 7

> „Die jungfräuliche Mutter des vaterlosen Mannes
> ist nicht gestorben, sondern wurde körperlich in
> den Himmel „aufgenommen".

Die Jungfräulichkeit von Maria, der irdischen Mutter von Jesus Christus, wurde bereits klargestellt. Jesus *hatte*, weil es gar nicht anders möglich ist, einen irdischen Vater. Und selbstverständlich mußte auch der Körper von Maria den Weg alles Irdischen gehen. Wie schon vielfach beschrieben ist es der „Geist", der aufsteigt oder sinkt! Je nach dessen Beschaffenheit und Ursprung. Dem Gesetz des Kreislaufes entsprechend ist der Ursprung des Menschen das geistige Reich, von dem er vor Urzeiten als Geistkeim ausgegangen ist. Sein Ziel war es, nach langer Wanderung durch seine auf diesem Weg gemachten Erfahrungen so zu reifen, daß er als vollbewußte Persönlichkeit zu seinem Ursprung zurückkehren kann. Dieses Endziel ist das uns bekannte „Paradies". Wie auch schon im Kapitel 6 angedeutet, wird Maria im alten Christentum rein menschlich dargestellt.

Hier ist von einer *Himmelfahrt* Marias (eine, über das geistige Reich hinausgehende) *nicht* die Rede. Diese Anschauung hat ihre Wurzel wahrscheinlich, wie man wohl annehmen darf, „im Marienkult".

Punkt 8

> „Wenn Brot und Wein von einem Priester gesegnet werden, „verwandeln" sie sich in Fleisch und Blut des vaterlosen Mannes."

Sehen wir wieder einmal in der Gralsbotschaft nach, welche Erklärung hier gegeben wird.

G.B. Auszug: „Der Kreuzestod des Gottessohnes und das Abendmahl"

> „Das Abendmahl vor seinem Tode war ein Abschiedsmahl. Wenn Christus sagte: „Nehmet, esset, das ist mein Leib. Trinket alle daraus, das ist mein Blut des neuen Testamentes, welches vergossen wird für viele, zur Vergebung der Sünden", so erklärte er damit, daß er sogar diesen Kreuzestod auf sich zu nehmen gewillt war, nur damit er die Gelegenheit hatte, der verirrten Menschheit die Wahrheit in sei-

nen Erläuterungen zu bringen, die einzig und allein den Weg zur Vergebung der Sünden zeigt.

Er sagt auch ausdrücklich: „ zur Vergebung für *viele*" und nicht etwa „zur Vergebung für *alle!*" Also nur für die, die seine Aufklärungen beherzigen, lebendige Nutzanwendungen daraus ziehen.

Sein durch den Kreuzestod zerstörter Leib und sein vergossenes Blut sollen dazu beitragen, die Notwendigkeit und den Ernst der durch ihn gebrachten Aufklärung zu erkennen. Diese Dringlichkeit soll *durch die Wiederholung* des Abendmahles und in dem Abendmahle lediglich unterstrichen werden!

Daß der Gottessohn selbst vor einer solchen Feindschaft der Menschheit nicht zurückschreckte, deren *Wahrscheinlichkeit* im voraus schon vor seinem Kommen erkannt war, sollte ganz besonders auf die verzweifelte Lage des Menschengeistes hinweisen, die nur durch das Ergreifen des Rettungsseiles der unverhüllten Wahrheit vom Untergange zurückgerissen werden konnte ..."

In einem Leserbrief von Karl Vogt in der süddeutschen Zeitung v. 7/8 Juli Nr. 167 stand zu lesen:

„Papst Benedikt XVI. wertet die vorkonziliare Messe auf. Damit kann die Messe nach den Reformen des zweiten Vatikanischen Konzils nicht nur in der jeweiligen Landessprache, in unserem Fall in Deutsch, sondern auch wieder in Latein gehalten werden. Das gibt für die Gläubigen sicher ein Problem. Denn es heißt zum Abschiedsmahl in lateinischer Sprache: Das Blut, das vergossen wurde „pro multis" also

„für viele". Doch in der Landessprache heißt es „für alle". Offensichtlich sah sich die katholische Kirche zu dieser *falschen Übersetzung* wegen des Dogmas vom Sühneopfer gezwungen..."

Denn mit der Ermordung des Gottessohnes sollen ja *allen* Menschen die Sünden vergeben sein! Diese Ausführungen begründen ein neues Verständnis der bisherigen Auslegungen durch die Religionsgemeinschaften, und wie immer liegt die Wahrheit in der Einfachheit des Denkens und Empfindens. Sie geben den bisher ausgeübten Kulten im Zusammenhang mit dem Abendmahl eine neue, weniger mystische Bedeutung, deren sachliche Klarheit sicher jedem einleuchten wird. Auch führen sie die bisherige Vorstellung einer Wandlung von Brot und Wein in *tatsächliches* Fleisch und Blut Jesu ad absurdum. Das hl. Abendmahl soll ein *Gedenken* an das Liebesopfer dessen sein, der alle Schmach und Pein auf sich nahm, um einer sinkenden Menschheit wiederum den Weg zu zeigen, der aufwärts führt. Einer Menschheit, die sich der Notwendigkeit dessen gar nicht bewußt war *noch ist*!

Wir wollen noch einmal auf die am Anfang beschriebene Geschichte von Pascal Boyer zurückkommen, der seine Forschungen dem Volke „Fang" in Kamerun widmete.
Es gibt unter dem Aspekt der Seele, die sich unabhängig vom irdischen Körper bewegen kann, schon die Möglichkeit, daß z.B. jemand durch die Luft fliegt und möglicherweise dabei auch gesehen werden kann, wie schon in vielen Beispielen erklärt. Primitiver Stammeszauber kann durchaus auch Übles hervorrufen und Menschen schaden, siehe gewisse Voodoo-Praktiken usw. Dennoch

gilt auch hier das eherne Gesetz: „Was der Mensch säet, das wird er ernten!" Ist die Saat von Übel, wälzt sich die Ernte um ein Vielfaches verstärkt auch auf den Urheber zurück.

Wie allumfassend dieses einfache Gesetz wirkt, läßt sich aus jeglichem Geschehen herauslesen. Ganze Völker sind an der Nichtbeachtung dieses Gesetzes zerbrochen.

Unumstößlich ist deshalb, daß nur ein Mitschwingen und sich Einfügen in die bestehenden göttlichen Gesetze einen kontinuierlichen, stabilen Aufbau gewährt, was allein die Welt auch zum Erblühen bringen kann...

Der freie Wille, wie wir uns als Menschen entscheiden, ob wir Gutes tun oder Übles, liegt allein in unserer Verantwortung, mit allen sich aus dieser Entscheidung ergebenden Folgen! Dieser einfache kleine Satz von Jesus: „was du säest, wirst du ernten", erschließt eine ganze Welt von Aufbau und Niedergang!

Man kann sich aus seiner persönlichen Verantwortung nicht herauswinden und auch nicht hinter Institutionen verstecken.

An uns allein liegt es auch, ob wir unseren Lebensraum zerstören oder aufbauen im schönsten Sinne. Unser Wollen entscheidet über Krieg oder Frieden.

Hätten alle Menschen Kenntnis von der Unerbittlichkeit dieses Gesetzes, würde die Welt vermutlich anders aussehen.

Ein Bombenattentat wird zum absoluten Desaster nicht nur für die Opfer, sondern auch für den Bombenleger, der sich dafür verantworten muß sobald er die Erde verläßt, vor allem aber wälzt sich die Verantwortung auch auf die Anstifter solcher Taten.

Unsauberes, eigensüchtiges Handeln, egal welche Position jemand bekleidet, und sei er König oder Papst, Bettler oder Terrorist, Staatsmann oder Würdenträger, bringt absolute Wechselwirkung, wenn nicht hier auf Erden, dann im Jenseits, es gibt kein Entrinnen!

Ebenso ist es mit den guten Werken.
Die freiwillige Achtung, die wir unseren Mitgeschöpfen, sei es Mensch oder Tier, entgegenbringen, gereicht uns nur zum Segen und in ihr ruht auch der ersehnte Friede. Wie einfach wären die in der Welt tobenden Konflikte zu lösen, wäre uns die Sinnlosigkeit destruktiver Handlungen bewußt. An der Wirkung der straffen, sich neutral auswirkenden Gesetze können wir uns den Kopf einrennen, oder wir richten unser Wollen und Handeln danach ein und können dadurch wechselwirkend gehoben werden zu wahrem Menschentum, das gegenseitige Förderung, nicht Zerstörung im Auge hat.
Ein aufrichtiger Versuch, Verständnis für den Gegner aufzubringen, auch für dessen Art und dessen Schwächen, würde schon zu manch guter Lösung führen können, da sich alle aufbauenden, guten Kräfte dann auch auf diesen Punkt konzentrieren könnten.
Nur das gute Wollen hat wirklich über Zeit und Raum Bestand und ist im höchsten Grade erstrebenswert, da es der elementarste Baustein ist für ein glückliches, erfülltes Leben, für einen gottgewollten Aufbau, wobei die „Wachsamkeit" als wesentliches Element im Menschendasein bleiben muß, da Lauheit und Schwäche kein Fortschritt ist.
Folglich ist eines klar erkennbar: **Das Böse lohnt sich nicht**, denn wir bezahlen dafür, in jedem Fall, auch wenn

damit nicht gerechnet wird. Wenn nicht in dieser Welt, dann in der jenseitigen, und das ganz gewiß!

Was bedeutet es schon, das Streben nach Macht, die Gier nach den Schätzen dieser Welt?

Es hat alles nur kurzen Bestand, allenfalls nur solange, wie der Mensch auf der Erde weilt.

Gewogen aber werden wir nach unseren Taten und unseren geistigen Werken; und so steht mancher, der auf Erden hoch angesehen war, angesichts der unbestechlichen Wahrheit entsetzt vor der Tatsache, sein Erdenleben leichtsinnig verschleudert zu haben und die sich ihm bietenden Möglichkeiten, wahrhaft „Mensch" zu sein und seinem Leben auch einen Sinn zu verleihen, nicht genutzt zu haben!

Mk. 8:36

> „Was nützt es dem Menschen, wenn er die ganze Welt gewänne, doch seine Seele dafür lassen müßte!"...

Und ... sicher kann an dieser Stelle, im Erkennen einer festgefügten Ordnung und sich „vollkommen" auswirkender Gesetze, die „ Existenz Gottes" nicht mehr bezweifelt werden!

Wir alle haben in unseren verschiedenen Existenzen in vergangenen Epochen der Menschheitsgeschichte am Zustand dieser Welt mitgearbeitet. Diese Tatsache allein sollte schon gewährleisten, daß sich niemand über den anderen zu erheben braucht!

In allen Religionen, in unseren kleinen menschlichen Beziehungen, im Familienleben wie auch unter den Völkern, gibt es dunkle, wunde Punkte; aber kann das morgen nicht anders sein? So möchte man mit dem Humoristen Curt Götz fragen, der seinen Dr. Prätorius vor versammeltem Auditorium sagen läßt:

„Leeuwenhoek entdeckte die Mikrobe im Wassertropfen, Pasteur den Erreger der Tollwut, Robert Koch den Bazillus der Tuberkulose. Und nach dem Gesetz, daß ein Mittel zur Heilung einer Krankheit immer dann gefunden wird, wenn diese Krankheit ihren Höhepunkt erreicht hat, wenn sie schier unerträglich geworden ist, nach diesem Gesetz muß heute oder morgen die Mikrobe gegen die menschliche Dummheit gefunden werden. Und wenn es uns gelingt, ein Serum gegen die Dummheit zu finden, die entsetzlichste aller Krankheiten, wird es im Nu keine Kriege mehr geben, und an Stelle der Diplomatie wird der gesunde Menschenverstand treten!

Die Dummheit tot – welch phantastische Perspektive!"

Ein Leben im Jenseits

Damit der Leser einen Eindruck gewinnt, was einen erwarten kann, wenn man unvorbereitet in die feinstoffliche Welt *geboren* wird, erzählt Thomas Mann von seinen eigenen Erfahrungen in einem posthumen Nachwort des Werkes „von Drüben" (zwei Bände). Die Übermittlungen aus dem Jenseits wurden nach seinem Tod durch die medial begabte Eva Herrman, eine Freundin der Familie Mann, aufgezeichnet.
In diesen Büchern berichten jenseitige Geister von ihren Erfahrungen und Erkenntnissen. Die erste Auflage des II. Bandes erfolgte etwa 1976, als Thomas Mann schon auf ein Erleben von ca. 21 Jahren in dieser *anderen Welt* zurückblicken konnte.

Man möge mir verzeihen, daß ich an Stellen, wo Fehler deutlich zutage treten, diese berichtige. Es geschieht dies nicht aus Besserwisserei, sondern um nicht wieder neue Lücken entstehen zu lassen! Da der Leser in der nachfolgenden Abschrift eine Bestätigung meiner Ausführungen erhält, ist das Nachwort aus diesem Grund hier vollständig wiedergegeben!

Posthumes Nachwort von Thomas Mann aus dem Buch „Von Drüben", Bd. II:

„Es ist mir eine Ehre, diesem Buch ein kurzes Nachwort folgen zu lassen. Schon lange habe ich auf eine Gelegenheit gewartet, das zu beschreiben, was man gemeinhin als das Ende ansieht. Zwar kann ich es nun nicht mehr zu Papier bringen, doch ist es mir durchaus möglich, mein Vorhaben in Worte zu kleiden und es einer mir und meiner Familie langher befreundeten, noch auf Erden lebenden Frau telepathisch zu übermitteln.

Über die Art, wie dies vor sich geht, enthält das vorliegende Buch genügend Information, so daß ich es nicht für notwendig erachte, mich hier noch einmal eingehend damit zu befassen.

Als ich im Jahr 1955 starb, wußte ich nicht, was mir bevorstand. Ich war unvorbereitet auf die Vielfältigkeit des Jenseits, auf die ihm innewohnende Gesetzmäßigkeit und auf die Absolutheit, mit der sich diese Gesetzmäßigkeit behauptet. Alles dies übersteigt die Vorstellungskraft des noch auf Erden Lebenden. Ich begrüße daher den von Evas Schutzgeistern unternommenen Versuch, eine Bresche in diesen Wall von Unwissen zu schlagen, da es meiner Aufgabe – oder sagen wir, der Erfüllung eines lange gehegten Wunsches – entgegenkommt.

Außer der Vielfalt der jenseitigen Welt überwältigte mich zunächst die Erkenntnis, daß ich mich in einer Schicht befand, die eher düster zu nennen war. Wie kam ich hierher? Was hatte ich verschuldet, daß ich mich nun in einer Art Zwischenreich befand? Erst allmählich wurde mir klar, daß die Anforderungen, die der „anständige Mensch" an sich zu stellen pflegt, offensichtlich ungenügend sind angesichts einer Ewigkeit, die nun plötzlich beredt und unverkennbar als unser Eigentliches aus uns spricht. Nicht gerade in Worten, aber vermittels dessen, was allen Worten zugrunde liegt, eh man einer Empfindung oder einem Gedanken Form verleiht.

Ich gewahrte also, daß ich gewogen und für zu leicht befunden, von mir selbst gewogen und von mir selbst für zu leicht befunden war, eine Erkenntnis, der ich mich bald nach meinem Tode erschloß. Nach diesem ersten Schreck hatte ich keine Wahl, als mich ans Werk zu machen. Ich mußte zunächst feststellen, worin ich gefehlt hatte. Hierüber vergingen Jahre, d.h., Jahre menschlicher Berechnungsweise, denn in der hiesigen Welt ist Zeit subjektiv und mag deshalb wesentlich kürzer oder länger scheinen als auf Erden. Es vergingen also mehrere Jahre, während derer ich um Klarheit rang. Es war keineswegs leicht. In einer derartigen Selbsterforschung spielt der Verstand nur eine untergeordnete Rolle.

R.B. Anmerkung: Der Verstand fällt mit dem irdischen Tod ganz weg, da das Gehirn ja auch irdisch ist und mit der Auflösung das Körpers auch aufhört zu sein. Was aber bleibt, ist der Geist-- mit all seinen Erfahrungen, die er in vielen Leben gesammelt hat, was sich dem Geiste buchstäblich eingeprägt hat und sich ausschließlich über seine Empfindung äußert. Die Empfindung als Ausdruck des Geistes, das, was wir im Irdischen oft als „Bauchgefühl" bezeichnen, tritt hier unmittelbar, viel plötzlicher und stärker in Erscheinung.

Bescheidenheit, und mehr noch als diese, Demut, ist es, worauf es ankommt. Sie bewirkt eine Veränderung der Seelensubstanz, eine Wandlung, die sich zwar auch bei noch auf Erden Lebenden vollziehen kann, deren sie sich aber nur in seltenen Fällen bewußt sind. Beim Verstorbenen hingegen rückt nun das, was vormals ein innerer Vorgang war, in den

Vordergrund oder besser: das Innere ist alles, woraus man besteht; doch ist dieses Innere gewissermaßen umgestülpt, und das so nach außen Gekehrte enthält so vieles, wovon man bei Lebzeiten nicht die geringste Ahnung hatte – selbst nicht als geistig reger Mensch –, daß man plötzlich diesem um ein vieles Potenziertem gegenübersteht wie einer Anzahl seltsamer Gestalten, die man selbst ist und die man nun bemüht ist, in die Totalität des Ich einzubeziehen. Es sind dies seine tieferen Seiten, das Unterbewußte – aber weit mehr als das, was man allgemein darunter versteht, denn es gehören hierzu nicht nur die verschiedentlichen Persönlichkeiten, als die man sich in vergangenen Leben inkarniert hatte, sondern auch ein in den Ungründen der Seele verborgenes Wissen um das wahrhaft Göttliche, das nun alle irdischen Werte in ein völlig anderes Licht rückt.

Ich begegnete mir zwar als ein Wesen, umfassender als erwartet, doch konnte ich nicht umhin zu sehen, daß ich in meinem verflossenen Erdenleben meinem Werk gar manches geopfert habe, was ich mit Kräften bezahlte, die ich dem schlechthin Guten hätte zuwenden müssen – oder, um es in einer Sprache auszudrücken, deren ich mich früher nicht bedient hätte: Ich hatte alles, was mir an Gaben verfügbar war, für etwas verwendet, das ich zwar keinen Grund habe zu bereuen, das aber nichts übrig ließ für die Veredelung meiner Seele. Und so starb ich, zutiefst befriedigt von dem, was ich zurückließ – meinem Werk –, befand mich aber dafür einem Selbst gegenüber, das mir nicht recht gefallen wollte. Es kommt mir nicht leicht an, alles dies auszusprechen, doch ist es die Pflicht des zur Erkenntnis Gelangten, die unverhohlene Wahrheit preiszugeben auf die Gefahr hin, daß sie nicht geglaubt werde.

Die ersten Jahre im Jenseits widmete ich also der Veredelung meines Selbst. Dazu war es notwendig, mit einer mir völlig ungewohnten Selbstkritik vorzugehen, die mir zunächst äußerst schwerfiel. Eingehende Selbstbetrachtungen waren mir keineswegs fremd, aber harte Selbstkritik war es. Ich versuchte dieser Aufgabe auszuweichen, aber ohne Erfolg. Und so sah ich mich gezwungen, etwas zu unternehmen, was mir zwar leidig war, das sich aber meinem Bewußtsein mit unerbittlicher Hartnäckigkeit immer wieder präsentierte, bis ich mich schließlich diesem von mir selbst geforderten Purgatorium (Reinigungsprozeß) unterzog.

Man erlasse es mir, in Einzelheiten zu gehen.

Etwa drei oder vier Jahre nach meinem Tod hatte ich das Maß an Vervollkommnung erreicht, das mir gestattete, gewissermaßen einen Sprung nach oben zu machen. Dieser Sprung erschloß mir ein Lichtreich von unvorstellbarer Schönheit, das man mit weitaus größerer Berechtigung, als der moderne Mensch gemeinhin annimmt, den Himmel nennen könnte. Ich nenne es also den Himmel und schäme mich dieses Wortes nicht im geringsten.

Ich habe mein Erdenleben genutzt, doch habe ich darüber manches versäumt, das ich dem göttlichen Guten in mir hätte zuwenden müssen.

R.B. Anmerkung: Dies sollte nicht so verstanden werden, daß der Mensch selbst göttlich ist. Wie schon an anderer Stelle erwähnt, hat der Menschengeist seinen Ursprung im geistigen Reich, wie es das Wort schon unterstreicht.

Ich habe meine Mängel erkannt und sie gesühnt und kann es mir nun leisten, die schlichte Sprache dessen zu sprechen, der seine Aufgabe erfüllt, seinen Ehrgeiz befriedigt und seine Schwächen überwunden und gesühnt hat und der nun, allen Ornates bar, eine dem Licht zugewandte Seele ist. Ob man mich in dieser Figur noch erkennt oder nicht, bekümmert mich wenig, und so fahre ich in meinem Bericht fort in der Hoffnung, hier und dort an einen Menschen zu geraten, dem ein feinerer Spürsinn gestattet zu Schlüssen zu kommen, die den Vertretern einer vermeintlich aufgeklärten Denkweise unzugänglich bleiben. Meine ersten Jahre im Himmel – wie ich diese Sphäre nun ohne Zögern nennen werde – waren dem Erleben der Glückseligkeit gewidmet; denn die Freuden, über die man ja schon manches gehört hat, ohne sich ein rechtes Bild machen zu können, sind eben wirklich so, daß man sich ihnen ungläubig hingibt und gut und gern Jahre damit verbringen kann, sie auszukosten.

Was tut nun so eine Seele im Himmel? Wie auch andere Wesenheiten meiner Entwicklungsstufe war ich zunächst bemüht, mein Glück nach Möglichkeit zu fassen, denn es kam in jeder Form des Genusses auf mich zu. Durch Auge und Ohr, durch Tastsinn, Geruch und Geschmack – wenn man die dem menschlichen Auge, Ohr usw. möglichen Wahrnehmungen überhaupt als Vergleich heranziehen darf–, da trotz des Mangels dieser Organe eine an ihre Funktion erinnernde Wirkung vorhanden ist. Ich war also überwältigt von dem Überfluß wohltuender Eindrücke und konnte ihrer nicht genug bekommen.

Da ich zunächst noch einer Sphäre angehörte, in der es nicht an schönen Landschaften, Tieren, Blumen und freundlichen Seelen fehlt, in der die Luft von Harmonien erfüllt ist und geistige Anregung jeglicher Art den Wißbegierigen erwartet, und da ich aus dem ungläubigen Staunen gar nicht herauskam – eine wiedergefundene Kindlichkeit und Aufnahmefähigkeit steigerten noch diese Lust –, vergingen einem Märchen gleich die Jahre, die hier ohnedies ohne Zahl und ohne Länge sind. Wie lange ist es her, liebe Gemme, seit ich starb?

– Im August werden es zwanzig Jahre sein.

– Zwanzig Jahre?!

– Wissen Sie denn nichts von all den Ihnen zu Ihrem hundertsten Geburtstag zugedachten Huldigungen?

– Oh doch! Nicht im einzelnen, nein, aber die Gedanken der Menschen, die meiner auf diese Weise eingedenk sind, umschwirren mich wie Mücken.

– Also eher lästig?

– Es kommt auf das jeweilige Motiv an, kann also entsprechend wohltuend sein oder auch nicht, wenn es dem Betreffenden um anderes geht als eine Ehrung oder ein verständiges Gedenken des Jubilars. Aber zumeist handelt es sich bei diesen Huldigungen um eine Okkasion, die man auswerten möchte, nicht mehr. Doch zurück zu meiner Sphäre!

Ich befand mich also im Himmel und hätte es auch gut und gerne bei diesem überaus wohltuenden Zustand lassen können, doch war da ein seltsamer Umstand, der mich veranlaßte, meine Seligkeit gewissermaßen zur Seite zu schieben und mich aus freien Stücken aus dieser Glückszone zu begeben oder, besser, mein Augenmerk auf etwas anderes zu richten als den Genuß himmlischer Freuden. Wie ja die vorliegende Schrift bereits erwähnt, ist der Altruismus – eine in alle Richtungen reichende, völlig selbstlose Liebe – nicht nur das Anzeichen einer dem Göttlichen zugewandten Seele; er ist gleichsam auch das Gefährt, das sie ihrem Ziel entgegenträgt. Altruismus ist demnach Vorbedingung zur Veredelung einer Seele, zugleich aber auch Endresultat, da jede nächsthöhere Stufe der Entwicklung ein Mehr an Selbstentäußerung sowohl verlangt als erzeugt. Mit anderen Worten: Man beginnt mit einem Minimum an Uneigennützigkeit und erreicht dadurch ein Stadium, das nicht nur ein weiteres an Selbstlosigkeit fordert, sondern – ist diese einmal zur zweiten Natur geworden – wiederum über sich hinausweist, bis man sich schließlich der Seinsweise großer Seelen nähert, die bisweilen von einer Opferwilligkeit erfüllt sind, die dem gewöhnlichen Sterblichen schier unfaßbar ist.

Dieser Zug nach oben, den man nicht weiter zerpflücken kann, da er ein ureigner Teil der dem Göttlichen entstammenden Seele ist – seine restlose Verneinung ist die Hölle –, dieser Zug nach oben war es also, der mich aus meinem genußreichen Zustand aufstöberte und Umschau halten ließ, ob es nicht etwas gäbe, dem ich mich widmen könnte. Wohl wäre es statthaft gewesen, mich meiner Seinsweise auch weiterhin zu erfreuen, doch trieb mich ein aus der Tiefe heraufdrängendes Verlangen an, nach etwas zu fahnden, das mir Gelegenheit böte, mich dienstbar zu machen.

R.B. Anmerkung: In der ganzen Schöpfung wirkt das Gesetz der Bewegung. Da sich im Jenseits alles unmittelbarer auswirkt, wird der jenseitige Geist durch ein inneres Drängen zur Betätigung ermuntert, dem Gesetz der Bewegung entsprechend, denn – Stillstand ist Rückgang, was auch ein schnelles Absinken zur Folge hätte.

Dienstbar machen! Wie seltsam klingt dies aus dem Munde eines Mannes, dessen Lebenswerk aus einer außerordentlich befriedigenden Beschäftigung bestand, der weiter keine größeren Opfer zu entrichten waren, als jeder Schaffende ohnedies seinem Werk zu konzedieren bereit ist. Nie in meinem Leben hatte ich mich veranlaßt gefühlt, Opfer zu bringen, die mehr darstellten als das, was eine starke Überzeugung – etwa auf dem Gebiet der Politik – mit sich brachte. Es hat mir immer an dem gefehlt, was man Demut nennt, ein Wort, mit dem ich wenig anzufangen wußte, bis ich, hier angelangt, erkannte, daß es mehr bezeichnete als eine der vielen Eigenschaften, mit denen man begabt sein mag oder nicht. Seit ich hier bin, weiß ich, daß Demut gewissermaßen der Schlüssel ist, der uns höhere Welten erschließt; eine Eigenschaft, die eine ganz besondere Stellung unter anderen einnimmt, da sie mit magischer Kraft umgeben ist, so wenig sich der wahrhaft Demütige dessen bewußt sein mag. Demut birgt ihre eigene Belohnung und umstrahlt den mit ihr Gesegneten mit einem Glanz, den wir, die wir ja nun die Dinge im Licht der Ewigkeit sehen, als Duft und Farbe, als Wohlklang und überaus erquickende Labung erleben, die uns wonnesam durchrieselt, durchstrahlt und durchwärmt, wo immer wir einem wahrhaft demütigen Wesen begegnen. Doch war dies alles nicht das, was mich bewog, meine Haltung zu ändern. Was mich bewog, war ganz einfach die Tatsache, daß mir trotz meiner Seligkeit etwas fehlte. Und hierin liegt eines der großen Geheimnisse des Jenseits: Es lockt den schon Beglückten hinan und veranlaßt ihn, sich um ein Weiteres an Glück zu bemühen. Dies verleiht dem Himmel, aller langweiligen Schilderungen seiner Freuden ungeachtet, ein Element süßer Unruhe, die nun auch mich ergriff.

Ich gestehe, ich suchte nicht die Demut; ich suchte das, was nur sie gewähren kann. Doch kaum hatte ich mich, diesem inneren Drängen folgend, dem Guten als Werkzeug dargeboten, als mir eine Verheißung wurde, die mir den nun bevorstehenden Aufstieg in höhere Sphären so verlockend vor Augen führte (eine dem Irdischen entlehnte Ausdrucksweise!), daß mich sofort eine unbezähmbare Sehnsucht ergriff, so schnell wie nur möglich dahin zu gelangen. Gar bald bot sich eine Gelegenheit, die meinen Wunsch zur Tat werden ließ.

Meine Kinder Klaus und Erika waren beide hier; Klaus war mir vorangegangen, Erika folgte einige Jahre nach meinem Tod. Klaus hatte sich, wie man ja weiß, das Leben genommen, Erika war an den Folgen einer langwierigen Krankheit gestorben. Beiden ging es nicht gut. Dies wird nur jene überraschen, die nicht wissen, daß sich jeder Mensch nach seinem Tod insofern selbst richtet, als eine sowohl im All als in der Einzelseele wirksame Justiz ihm die ihm gemäße Sphäre zuweist oder, besser, in die er von selbst gravitiert,

R.B. (kl. Erinnerung: „Der Geist sinkt oder steigt entsprechend seiner feinstofflichen Schwere oder Leichtigkeit!")

einem Gesetz zufolge, das absolut ist wie ein Gesetz der Physik oder der Chemie. Klaus litt noch an den Folgen seiner Tat; Erika hingegen, die sich mit der ihr eigenen Resolutheit sofort in die Hand nahm, hatte nur daran zu leiden, was eben bei den meisten „anständigen Menschen" noch korrekturbedürftig ist, ehe sie in den Himmel gelangen können.
Sobald ich mich aus dem Stadium des Halbdunkels, in dem ich mich anfänglich befand, emporgearbeitet hatte, einem Halbdunkel, das sowohl in mir herrschte als mich umgab, da ja hier der Erleuchtungsgrad einer Seele ihre Umwelt bedingt (beide entsprechen einander, sind zwei Aspekte ein und derselben Gegebenheit), war ich in der Lage, mich meiner Kinder anzunehmen. Man möchte meinen, dies sei das Selbstverständlichste der Welt, doch liegen die Dinge hier anders als auf Erden. Familienbande haben nur Gültigkeit, wo zugleich auch eine starke innere Bindung besteht, und da der Neuling im Jenseits gewöhnlich von seinen eigenen Nöten

und den Forderungen seines neuerwachten, nun überwachten Gewissens in Anspruch genommen ist, steht ihm der Sinn nur selten danach, sich mit anderen zu befassen als mit der Lösung seiner eigenen, dringlichen Probleme. So, jedenfalls, war es bei mir: Doch ist nicht allen Seelen, wie man mir sagt, dieser Entwicklungslauf gemein.

R.B. Anmerkung: Die Entwicklung einer Seele kann so individuell sein, wie der Mensch auch individuell ist, es hängt von dessen Art und Wollen und seiner Einsicht ab, wie schnell er aufsteigen kann; feststehend sind nur die Gesetze, innerhalb derer sich wiederum alles auswirken muß!

In unserer Welt ist das Verschleiern der Gefühle ein Ding der Unmöglichkeit, da sie sich unmittelbar äußern. Man kann sie weder hinter einem unwahren Wort noch hinter einem nichtssagenden Lächeln oder einem den wahren Sachverhalt kaschierenden Schweigen verbergen. Die manchmal geradezu brutale Ehrlichkeit, die sich hieraus ergibt, ist für den neu Angekommenen zunächst eine Überraschung, bis er sich an diesen Umstand ebenso gewöhnt wie an manches andere in unserer Welt. Es ist merkwürdig, wie vieles der noch auf Erden Lebende von dem nicht weiß und nicht wissen will, was sich unter der Oberfläche menschlicher Beziehungen abspielt. Hier aber begegnen sich Eltern und Kinder kühl, Ehepaare ignorieren einander und Freunde gehen aneinander vorbei, wo es einer wahren Zuneigung ermangelt. Hingegen knüpft man manches neue Band der Freundschaft und der Liebe und findet längst vergessene Gefährten wieder, die man in früheren Leben gekannt hatte. Alle Konventionen sind zum Teufel, und man ist so frei, wie man es sich im Leben nicht selten gewünscht hat. Es darf daher nicht wundernehmen, wenn ich über meine eigenen Belange mit einer Offenheit rede, die ich früher als unschicklich empfunden hätte. Hier aber spreche ich anschließend an ein Buch, das ja schon einiges vorbereitet hat und dem Leser manche Einsicht in ein Gebiet gewährte, das dringend eines Cicerone bedurfte.

In Anbetracht dessen, daß alle Konventionen, und nicht nur Konventionen, auch gewisse Gefühle wie Mitleid, der Art, wie man sie sich ja oft im Leben abzwingt, die aber doch nicht ganz echt oder sogar nur halbecht sind – in Anbetracht dessen also, daß im Jenseits diese Täuschungsmanöver sich selbst und anderen gegenüber wegfallen, sind die Beziehungen zwischen Wesenheiten unserer Welt völlig verschieden von irdischen. Man denkt gar nicht daran – und wozu auch – sich anders zu gebärden, als man eben ist. Dies erklärt eine erste gewisse Distanziertheit zwischen mir und meinen Kindern.

Vielleicht sollte ich hier doch etwas über die Grundeinsamkeit der menschlichen Seele hinzufügen. Fühlt man sich schon zu Lebzeiten bisweilen einsam, so ist dies ein Nichts, verglichen mit der Einsamkeit der Seele im Jenseits, obzwar es da eher ein Auf-sich-gestellt-sein ist – ein Bewußtsein der vollen Verantwortlichkeit für seine Person – als ein Gefühl der Verlassenheit. Dafür ist man schließlich im Himmel, einem Bereich, der durchstrahlt ist von der „Liebe Gottes" – ein Wort, das allerdings mehr irritiert als erklärt. Wie kann man diese Dinge überhaupt erklären? Man kann sie andeuten in der Hoffnung, daß sie trotz aller Unzulänglichkeit einen kleinen Einblick gewähren, doch versagt das einzelne Wort, wo ein ganzes Vokabular unzureichend ist. Ich sprach also davon, daß man sich hier seiner Verantwortlichkeit in einer Weise bewußt wird wie nie zuvor. Während wir noch inkarniert sind, ragt nur ein winziger Teil unseres Selbst, einem Eisberg gleich, aus dem Meer des Unbewußten, während man hier, gleichsam über die Flut des Unbewußten emporgehoben, Einsamkeit als etwas empfindet, mit dem man leidlich zurechtkommen kann, weil man mit dem Übergang in die hiesige Welt – vorausgesetzt man gehört einer höheren Sphäre an – einen ungeheuren Gewinn zeitigt, die Erkenntnis nämlich, daß dem ganzen Weltgebäude ein luzider Sinn innewohnt und einem jederzeit vergönnt ist, aus einem Quell göttlicher Liebe und Kraft zu schöpfen, in dem Maß, in dem eine Seele es ersehnt und verdient. Man akzeptiert demnach diese modifizierte Einsamkeit als die nun gegebene Lebensform und wird ihrer auch gerecht, da ihr nur noch wenig von jenem Unbehagen anhaftet, das den noch tief im Gewässer irdischen Unwissens Versunkenen so schwer bedrücken konnte.

Ich war also allein, auf mich selbst gestellt, ohne mich indes verlassen zu fühlen. Ich war nicht gezwungen, irgendeine Rolle zu spielen; ich war frei. Ein vorläufiges Ziel hatte ich erreicht: die erste Stufe jener Bewußtseinsebene, die ich eingangs als den Himmel bezeichnete. Der Schlüssel hierzu – ich erwähnte dies bereits – war meine völlig veränderte Einstellung dem gegenüber, was ich nicht ohne ein kleines Zögern Demut nenne, einer gewissen Lächerlichkeit wegen, die diesem Begriff in den Augen des „Aufgeklärten", des Mannes von Welt, anhaftet und anhaften wird, bis eine von allem Unrat befreite Religiosität die Welt mit neuen Werten und neuen Worten bedenken wird.

Erst nachdem ich mich schon geraume Zeit im Himmel befand und jene süße Unruhe mich ergriff, die bewirkte, daß ich mich einem guten Werk widmen wollte, geschah es, daß ich wieder einmal nach meinen Kindern sah. Erika war mir in kürzester Zeit auf dem Fuß gefolgt; Klaus, weniger tatkräftig und von einer lässigen Indifferenz dem gegenüber, was zur Verbesserung seiner Lage hätte führen können, befand sich noch immer in jenem Halbdunkel der Seele, das nur durch einen Kraftaufwand zu überwinden ist. Er wollte nichts wissen von mir; er wollte, daß man ihn in seinem Zustand belasse, da er selbst jenem Halbdunkel, das ihn erfüllte und umgab, einen gewissen Zauber abzugewinnen verstand. Es mag dies seltsam anmuten – aber er hatte im Leben mehr gelitten als seine charmante Art, sich zu geben, verriet, und schon im Leben hatte er Zuflucht gesucht in einer Welt gefährlicher Trugbilder.

Diese hatten ihn schließlich wie eine Fata Morgana über den Rand des Lebens gelockt. Daß noch andere Momente im Spiel waren, tut nichts zur Sache. Vielleicht sah ich meinen Sohn erst hier zum ersten

Mal, nachdem ich vieles abgestreift hatte, was im Leben zwischen uns stand. Erst hier war ich frei, mich ihm zu widmen und tat es mit der Liebe des Verschmähten.

Letzten Endes kann sich jeder Mensch nur selbst erlösen, doch hilft es, wenn gewisse Dinge, die auf Erden problematisch waren, geklärt werden, und es hilft auch, wenn einem eine Liebe entgegengebracht wird, über deren Tiefe im Jenseits ja kein Zweifel bestehen kann. Ich war nicht der einzige, der sich um Klaus bemühte – und schließlich, nach endlos scheinenden Jahren tat auch er den Schritt, der ihn in dem Sinn an meine Seite brachte, daß auch er jener Freuden teilhaftig wurde, die ich anfangs beschrieb. Er geht jetzt seiner Wege, wie auch ich, doch besteht nunmehr ein Einvernehmen zwischen uns, das auf Erden nicht möglich gewesen wäre.

Mit Erika verband mich mehr als die gewöhnliche Zuneigung eines Vaters zu seiner Tochter. Wir waren uns bereits in früheren Leben begegnet, ein Umstand, den ich hier nur streifen möchte, da es zu weit führen würde, mehr zu sagen, als daß uns eine uralte Freundschaft verband, wie denn auch unsere Beziehung eher eine kameradschaftliche zu nennen war, obgleich bei Erika ein Element der Achtung hinzukam, die sie meinem Werk zollte. Ich liebte Erika, doch war sie es, von der ein Strom an Wärme und Bewunderung ausging, während ich, wie schon erwähnt, alle mir verfügbare Kraft in mein Werk einfließen ließ und mit geschmeichelter Huld das Dargebrachte entgegennahm.

Nach meinem Tod sollte sich dies alles ändern. Ich erkannte zu spät, daß ich manches versäumt hatte, das, wie mir nachträglich scheinen wollte, Erikas Leben in Bahnen gelenkt hätte, die sie anstatt zu einer Amazone zu einem vielleicht weniger markanten, dafür aber befriedeteren Geschöpf hätte werden lassen. Wer kann es wissen? Je länger ich mich in der hiesigen Welt befinde, umso mehr erkenne ich, daß ein ungemein klarer Plan allem Geschehen zugrunde liegt, und daß der kleine Ausschnitt, der sich unseren Augen dartut, keine gültigen Schlüsse zuläßt. Das einzige, was mich dieser begrenzte Ausschnitt lehrte, war, worin ich gefehlt hatte, gleichviel, ob mein Verhalten einen göttlichen Plan stützte oder störte. Indem Judas ein Unrecht beging, erfüllte er seine Mission; subjektiv war sein Verrat falsch, objektiv war er richtig. Ich mußte mein Versäumnis sühnen, obgleich es letzten Endes dem „Willen Gottes" entsprach.

R.B. Berichtigung: Ich bin Thomas Mann dankbar für die letzte Aussage, gibt sie doch eine Ansicht wieder, die vielfach sowohl im Diesseits wie auch im Jenseits vertreten wird, die aber zu Missverständnissen führen muß! An dieser Stelle kann man deutlich sehen, daß der Hinübergegangene nicht automatisch alles Wissen hat und das Rechte auch erkennt. Auch Jenseitige ringen um die Wahrheit, um ein klareres Erkennen der Zusammenhänge. Was immer der Wahrheit entspricht, sind die Erzählungen über das Erleben in der feinstofflichen Welt. In der persönlichen Anschauung nimmt er aber auch seine alte, möglicherweise falsche Einschätzung der Dinge mit in das Jenseits. Oder er wird von falschen

Anschauungen der mit ihm Lernenden beeinflußt. Auf Erden vertrat Thomas Mann wahrscheinlich, wie beinahe jeder gute Christ, die Meinung, daß Jesus am Kreuz gestorben sei, um uns von unseren Sünden zu erlösen. Das hat logischerweise zur Folge, daß der Verrat an Jesus durch Judas eigentlich nicht zu verdammen wäre, da er ja nach dieser Vorstellung nur ein Erfüllungsgehilfe war.

Wenn wir aber den Vorgang der Kreuzigung des Gottessohnes einmal ohne diese schöne Bemäntelung sachlich betrachten und dieser gewaltsame Tod am Kreuz als das gesehen wird, was er ist, nämlich „ein Mord, die Hinrichtung eines Unschuldigen", und noch dazu des Gottessohnes!!, dann ist der Irrtum auch schnell aufgeklärt und die Widersprüchlichkeit in den Aussagen sofort behoben. Judas erfüllte keine Mission! Seine Tat war schlichtweg „Verrat", und folglich war sie auch falsch!

Dem gleichen Gedanken entspringt auch die widersprüchliche Meinung von Thomas Mann, daß sein Versäumnis dem „Willen Gottes" letztlich entsprach. Auch das ist natürlich falsch. Dem Willen Gottes entspricht nur das, was sich in die göttlichen Gesetze auch einfügt; sonst bräuchte es, wenn es dem Willen Gottes doch entsprach, gerechterweise auch nicht gesühnt zu werden! Daß ein Versäumnis oder schlechtes Handeln gesühnt werden muß, zeigt doch, daß es falsch war,... und vor allem zeigt es uns auch in aller Deutlichkeit, daß der Mensch für sich und seine Fehler selbst einzustehen hat!

Da sich meine Schuld in Grenzen hielt, dauerte es nicht lange, ehe ich mich von ihr befreit hatte, und als Erika hier anlangte, bedurfte es einer weit geringeren Klärung und einer weit geringeren Abbitte meinerseits als im Falle von Klaus, um unsere Beziehung zu einer ungemein erfreulichen zu gestalten.

Alles dies mag Menschen, die mich auf Erden kannten, äußerst unwahrscheinlich vorkommen, doch ist es wiederum das Schlüsselwort Demut, das der von ihr erfüllten Seele zum Verständnis meines Berichtes gereichen wird, während es ihm, dem das Wort nach wie vor albern dünkt oder den es peinlich berührt, schwerfallen wird, sich vorzustellen, daß ich mich dergestalt gewandelt haben soll. Mehr läßt sich zu diesem Thema leider nicht sagen.

Zur Zeit während Eva Herrman gelegentlich unser Gast war, schien sie mir ein scheues Geschöpf, an das nicht leicht heranzukommen war. Einmal frug ich Erika, worüber man denn mit ihrer Freundin reden könne, eine Frage, auf die auch Erika keine rechte Antwort wußte.

Und dennoch empfand ich damals schon, daß hinter diesem verschlossenen Wesen etwas am Werk war, das ich nicht benennen konnte. Ich wußte von ihrem Interesse an Dingen, die ich damals für gefährlich hielt, doch war mir nichts Näheres bekannt über das, was sie neben ihrer Kunst mit Eifer verfolgte. Nicht lange nach meinem Tod sah ich sie einmal, wie wir uns eben bisweilen Menschen ansehen, die wir auf Erden kannten. Es ist dies sehr aufschlußreich, da der Unterschied zwischen dem Eindruck, den man als noch Inkarnierter, und jenem, den man sozusagen von Seele zu Seele gewinnt, oft ein erheblicher sein kann. Da ich die Übermittlerin meiner Gedanken nicht in Verlegenheit bringen möchte, sei hier nur gesagt, daß der Anblick der

117

Wesenheiten, die sie während ihrer Arbeit umgaben, erkennen ließ, daß hier etwas Besonderes im Gange war.

(Daß Eva hier zugleich Gegenstand und Übermittlerin meiner Ausführungen ist, erschwert zwar meine – und mehr noch ihre – Aufgabe, doch soll sie daran nicht scheitern. Ohnedies richtet sich das von mir Diktierte, wie ja das ganze Buch, an einen Leserkreis besonderer Art, den diese etwas ungewöhnliche Passage nicht mehr und nicht minder aufbringen wird wie manches andere in dieser Schrift.) Ich gewahrte also, daß eine Anzahl höherer Wesenheiten bemüht waren, ein Resümee ihres gemeinsamen Wissens so zu formulieren, daß es sowohl dem Fachmann wie dem Laien zugänglich werde. Wohl mag das Übermittelte dem einen gelegentlich zu laienhaft, dem anderen hingegen zu gelehrt erscheinen, doch sollte diese Schrift dessentwegen nicht ihre Wirkung verfehlen. Unsere Art, den Inhalt eines auf Erden geschriebenen Buches zur Kenntnis zu nehmen, hat Parallelen mit der im dritten Kapitel beschriebenen Methode unseres Lernens, weshalb ich es nicht für nötig erachte, mehr zu sagen, als daß wir bisweilen mitlesen, wenn ein aufmerksam Lesender ein Buch zur Hand nimmt.

Ich möchte nicht eine Gelegenheit ungenutzt vorübergehen lassen, die es mir ermöglicht, mich im Geist an einige mir nahestehende Personen zu wenden, da die Zeit leider noch fern ist, in der ein Austausch zwischen den Welten möglich sein wird. Noch ist das Unwissen zu allgemein, gerade unter den sogenannten Gebildeten, die Gelegenheit zu

rar und das Mißtrauen zu tief verankert, als daß es
uns ohne weiteres gegeben wäre, Menschen zu er-
reichen, die uns nahestanden. Ihnen und auch anderen ähnlichen Gepräges, die heute oder morgen
diese Zeilen lesen werden, reiche ich über Zeit und
Raum hinweg die Hand.

Thomas Mann

Der Erlösungstod Jesu

Eine der wichtigsten Grundlagen in vielen Kirchen ist der Erlösungstod des Gottessohnes, der am Kreuz gestorben ist, um dadurch die Menschen zu erlösen von ihren Sünden!
Wegen der Wichtigkeit, die dieser Sache zukommt, will ich noch einmal darauf eingehen.

Daß sich diese Ansicht so hartnäckig und wahrscheinlich über Jahrhunderte halten konnte, obwohl bei ruhiger Überlegung die Unmöglichkeit einer solchen Vorstellung leicht zu erkennen gewesen wäre, ist letztlich nur unter dem Aspekt der eigenen Bequemlichkeit zu verstehen, die gefördert wird durch beinahe alle Kirchen, die das aber auch werden verantworten müssen!
Hier möchte ich den Leser dazu anregen, diesen so wichtigen Sachverhalt einmal selbst zu überprüfen!
Mit der Vorstellung, daß dieser entsetzliche Mord an dem Gottessohn von Gott so geplant war, unterstellen wir auch gleichzeitig dem Schöpfer, der doch die vollkommene Liebe und Gerechtigkeit *selbst ist*, ein Handeln, das jeder anständige Mensch weit von sich weisen würde. Ein für unser Begreifen vollkommen unverständliches, grausames und ungerechtes Handeln! Welcher Vater würde seinen Sohn, selbst wenn er schuldig wäre, einer solchen Tortur aussetzen wollen? Wir aber behaupten, daß Gott seinen geliebten Sohn in *der* Absicht auf diese Erde sandte, daß er sich auf das grausamste von Menschen morden lassen sollte, damit sich die Menschen nicht selbst mühen müssen, die Schuld, die sie sich aufgeladen haben, auch zu sühnen!

Wie kann ein Mord, der nach ehernem Gesetz als solcher auch gesühnt werden muß, zur Erlösung führen? Dieser Widerspruch ist so offenkundig, daß sich eigentlich jeder fragen muß, warum man da nicht schon längst selbst darauf gekommen ist.

Und, das Ganze hat natürlich gleichzeitig den Effekt, daß die Erhabenheit und Vollkommenheit des Schöpfers bezweifelt werden muß!
Vielleicht der schlimmste Aspekt!

Die Evolution und ihre Erben

In seinem Kapitel „Psychologisch für Religion disponiert"
spricht sich R. Dawkins für die Annahme einer prinzipi-
ellen Fehlentwicklung in der Evolution aus, in dem Sinne, wie die Motte sich von ihrer natürlichen Steuerung
durch die Gestirne ablenken läßt, wenn sie durch eine
künstliche Lichtquelle angezogen wird und damit ihren
eigenen Untergang programmiert. Diese „Fehlentwicklung" ist nach Meinung Dawkins' hervorgerufen durch
religiöse Erziehung, sprich Indoktrinierung.

Sehen wir uns hier einmal einen Auszug des Kapitels:
„Psychologisch für Religion disponiert" an.

R.D.
„Die Idee von den psychologischen Nebenproduk-
ten ergibt sich ganz natürlich aus dem wichtigen, in
schneller Entwicklung befindlichen Wissenschaftsge-
biet, der Evolutionspsychologie. Ihre Grundaussage
lautet: Genau wie das Auge, das sich in der Evolution
zu einem Sehorgan entwickelt hat, und der Flügel,
dessen Evolution zur Flugfähigkeit führte, so ist auch
das Gehirn eine Ansammlung von Organen (oder
‚Modulen') zur Ausführung spezialisierter Datenver-
arbeitungsaufgaben. Ein Modul regelt den Umgang
mit Verwandten, ein anderes den zwischenmensch-
lichen Austausch, ein drittes das Einfühlungsver-
mögen, und so weiter. Religion entsteht nach dieser
Vorstellung durch Fehlfunktionen einzelner Module,
beispielsweise jener, die Theorien über den Geist anderer Menschen aufstellen, Koalitionen bilden und

zugunsten der eigenen Gruppenangehörigen gegen Fremde entscheiden. Jedes derartige Modul könnte beim Menschen die Entsprechung zur Orientierung der Motten an den Himmelskörpern sein und wäre demnach für Fehlfunktionen ebenso anfällig, wie ich es für die kindliche Leichtgläubigkeit beschrieben habe. Der an der Yale University lehrende Psychologe Paul Bloom, auch er ein Vertreter der Vorstellung von ‚Religion als Nebenprodukt‘, weist auf die natürliche Neigung der Kinder zu einer *dualistischen* Theorie des Geistes hin. Religion ist in seinen Augen ein Nebenprodukt eines solchen instinktiven Dualismus. Wir Menschen und insbesondere die Kinder sind nach dieser Vorstellung von Natur aus geborene Dualisten.

Der Dualist geht davon aus, dass zwischen Materie und Geist ein grundlegender Unterschied besteht. Ein Monist dagegen glaubt, dass Geist eine Ausdrucksform der Materie ist, Material in einem Gehirn oder einem Computer, das ohne Materie nicht existieren kann. Der Dualist hält den Geist oder die Seele für eine Art körperloses Gebilde, das den Körper *bewohnt*; deshalb kann er sich auch vorstellen, dass dieses Gebilde den Körper verlässt und dann irgendwo anders existiert. Dualisten interpretieren geistige Krankheiten bereitwillig als ‚Teufelsbesessenheit‘ – die Teufel sind dann Geister, die sich des Körpers vorübergehend bemächtigt haben und ausgetrieben werden können. Ebenso personifizieren Dualisten bei der kleinsten Gelegenheit unbelebte Gegenstände und sehen sogar in Wasserfällen oder Wolken Geister und Dämonen.“

Hier stehen wir wieder einmal einer Ausführung gegenüber, wo leichthin alles bisher Unverstandene zu einem
etwas unverdaulichen Konglomerat zusammengeworfen
wird, das aber, um überhaupt ein Verständnis aufzubauen,
doch im einzelnen betrachtet werden muß.

Die Ansichten des Dualisten und die des Monisten bilden eine grundsätzliche Trennung, denn hier kann es
keine Brücke geben. – Entweder stimmt die eine, oder es
stimmt die andere Ansicht mit der Wirklichkeit überein.
Entweder ist es so oder so! Richtig kann nur sein, was
der Wirklichkeit auch entspricht! Entscheidend ist auch,
welche *Gesichtspunkte* einer Sache zugrunde gelegt werden. Dawkins hat sich ganz auf die Theorie einer selbst-
tätigen, auf das Irdische beschränkten Entwicklung ein-
geschossen, unter Auslassung vieler Fakten, die anderes
vermuten lassen müßten.

Unter *seinen* Gesichtspunkten lassen sich *natürlich* „Möglichkeiten" konstruieren, die einer schärferen Prüfung jedoch nicht recht standhalten können.

Beginnen wir also mit der Religion als Nebenprodukt einer Falschprogrammierung in den Genen, sozusagen.

Folgen wir Dawkins' Gedankengängen, ist Geist eine Ausdrucksform des Gehirns und alles Leben an die Materie
gebunden, auch haben sich alle Lebensformen aus einem
„Zufall" entwickelt.

Das Gehirn fungiert als zentrale Schaltstelle, der *alles*
zuzuordnen ist, Geist, soziales Empfinden, moralische
Werte usw.

Das Leben ist auf *ein* Erdenleben beschränkt, und danach folgt das Nichts.

Das kümmert die Evolution aber wenig, sie setzt ihr
Werk fort und läßt immer weiteres Leben entstehen. Zu

welchem Zweck? – das weiß unter diesen Gesichtspunkten keiner!

Ob diese Eingrenzung so ganz im Sinne von Charles Darwin ist, möchte man fast etwas bezweifeln, denn *er* erkannte sehr wohl, daß hinter allem ein Gesetz steht. Also muß logischerweise auch eine ordnende Hand dahinterstehen.

R.D.
„Die Evolutionspsychologie sagt nun: *„Religion entsteht nach dieser Vorstellung durch Fehlfunktionen einzelner Module, (im Gehirn) ...“*

Eine Fehlfunktion kann aber nur attestiert werden, wenn die Überlegungen in einem derart eingeschränkten Gesichtskreis stattfinden. Spinnen wir den Faden einmal weiter.

Eine Möglichkeit wäre die Vererbungstheorie, also die ständige Weitergabe eines bestimmten Verhaltensmusters. – Dann, die jeweilige Erziehung, wo unbestreitbar Verhaltensmuster der Eltern und Erzieher an die Kinder weitergegeben werden und dadurch Verhaltensmuster auch neu geprägt werden. Was kann denn nun der Grund sein, daß Kinder von Natur aus eine Neigung zum Dualismus haben?

Bei der Geburt eines Kindes ist das Gehirn wie ein Computer ohne Programm, in den die Erlebensprogramme erst eingespeichert werden müssen. Daher muß auch alles immer wieder neu gelernt werden, das Laufen, die Sprache usw. Wenn also das Gehirn von Geburt an ohne Programm ist, muß sich diese Verhaltensweise irgendwo anders befinden. Kann es sich hierbei sozusagen um eine Fehlfunktion in den Genen handeln!?

Da Evolutionspsychologen nun festgestellt haben, daß Kinder mit der „seltsamen" Eigenschaft einer *dualistischen* Einstellung anscheinend *geboren* werden, kommt das Erziehungsmodell hier nicht in Frage, es bliebe unter diesen Gesichtspunkten tatsächlich nur der Vererbungsfaktor. Einer in der Evolution sich schon lange entwickelnden „Fehlfunktion", die da heißt: religiöses Empfinden, die sich als „Fehlfunktion" in den Genen? jedes Menschen weitervererbt. Diese Gen-Information befindet sich also als abrufbarer Speicher von Geburt an in den Schaltstellen des Gehirns, oder nicht? Oder in den Zellen?.... Das Ganze endet wahrscheinlich mit erheblichen Kopfschmerzen.

Und weil dieser *natürliche* Dualismus bereits in Kindern vorhanden ist, paßt das auch schon gar nicht in das *rationale* Denkgebäude, folglich kann es sich also nur um eine *Fehlentwicklung* in der Evolution handeln, die sich durch ständige Indoktrinierung in den Genen festgesetzt hat!

Oder gibt es doch eine viel einfachere Lösung des Problems? Der Leser ahnt es sicher schon, denn wir gehen ja von anderen Gesichtspunkten aus.

Warum akzeptieren wir nicht einfach, daß es etwas Natürliches, dem tatsächlichen Erleben Entsprechendes ist, daß Kinder eine Einstellung zum Dualismus praktisch mitbringen, sozusagen als Grundmaterial. Das beruht weniger auf einer Falschprogrammierung im Erbmaterial, das sich von den Eltern auf die Kinder weiter vererbt, sondern viel einfacher darauf, daß sie die Trennung des Geistes vom Körper vielfach selbst schon erlebt haben, da im Jenseits eine ganz andere geistige Orientierung vorhanden ist als im Erdendasein, wie es in dem Nachwort von Thomas Mann sehr gut veranschaulicht wird. Es ist vielmehr dieses mitgebrachte Bewußtsein, das, was der *Geist* mitbringt, und was Kinder noch unverfälscht wahrnehmen, bis man schließlich durch eine rationale Erziehung dieses natürliche Wissen sozusagen „wegrationalisiert".

Das, was der Realist mit einem gewissen Spott bedenkt, kommt in allem den wahren Vorgängen doch ziemlich nah. Daß der Dualist klarer auf dem Boden der Wirklichkeit steht als der Monist, kann gar nicht bezweifelt werden. Denn grundsätzlich lassen sich keine vernünftigen, schlüssigen Regeln aufstellen, ohne zu wissen, wie wir selbst beschaffen sind, was es ist, was den Menschen eigentlich ausmacht! Bisher kennen wir noch nicht einmal unsere eigene Art „en detail", wollen aber mit unserem kleinen Wissen über die Nichtexistenz „Gottes" entscheiden!
Die Unterscheidung von Geist und Gehirn gehört zu den wichtigsten Grundlagen für eine sachliche Beurteilung. Denn das Gehirn ist als ein Teil unseres Körpers an das Irdische gebunden. Wäre der *Geist*, wie R. Dawkins annimmt, Teil unseres Gehirnes, würde auch der Geist wie das Gehirn mit dem Abscheiden aufhören zu existieren, und seine Existenz beschränkte sich dann auf *ein* Erdenleben.
Der Geist jedoch ist ewig!
Unser Unwissen über die tatsächlichen Zusammenhänge des eigentlichen Lebens kann man nur als dramatisch bezeichnen!

Im schon erklärten Sinne ist es dem Geist sehr wohl möglich, wenn auch nur kurz, den Körper zu verlassen. Auch ist er dann kein körperloses Gebilde, sondern der Geist hat feinstoffliche Hüllen, dem auf Erden lebenden Körper ähnlich.

Kurz erwähnte ich schon, daß Krankheiten wie Schizophrenie wirklich auch etwas mit diesen Dingen zu tun haben. Bei dieser Krankheit handelt es sich um eine Belästigung durch jenseitige Geister, denen es in der Tat möglich ist, zeitweise einen irdischen Körper in Besitz zu nehmen, wenn der Jenseitige entsprechende Bedingungen vorfindet. Hiervon wollen Wissenschaftler und Psychiater natürlich auch nichts wissen, da die meisten sicher auch der Meinung sind, daß der Geist ein Teil des Gehirns ist, obwohl man allgemein zugibt, daß es keine Krankheit gibt, von der man so wenig weiß und über deren Ursachen man sich so im unklaren ist wie bei derartigen psychischen Erkrankungen.

Bei den sogenannten „Teufelsaustreibungen" (Exorzismus) durch Priester wird diese „Krankheit" für den von einem fremden Geist „Besessenen" zu einer furchtbaren Tortur und oft mit Todesfolge! Die Tendenzen sind steigend.

Aber auch hier haben wir denselben Vorgang. Die Menschen, die unter dieser Krankheit leiden, geben ja genau die richtigen Auskünfte. Sie sprechen von Fremdbestimmung, sie sprechen mit Personen, die nicht vorhanden sind, und stehen bei genauer Beobachtung erkennbar unter fremdem Einfluß.

Über das Kleinhirn kann der Jenseitige Einfluß nehmen, man bräuchte das nur einmal als *tatsächlichen* Vorgang und als Ursache auch zugrunde zu legen.

Bei größerem Wissen wäre auch hier viel einfacher zu helfen, ohne die fürchterlichen Praktiken solcher Austreibungen anwenden zu müssen oder dem Kranken mit der chemischen Keule „Psychopharmaka" auf Dauer in anderer Weise zu schaden.

Prinzipiell handelt es sich bei diesen Vorgängen einmal um Geister, die noch Irdisches mitgenießen wollen, da sie alle niederen Hänge ja mitnehmen in das Jenseits, und zum anderen um Geister übelsten Charakters, die bewußt schaden wollen!

R.D. Auszug:
„Ebenso personifizieren Dualisten bei der kleinsten Gelegenheit unbelebte Gegenstände und sehen sogar in Wasserfällen oder Wolken Geister und Dämonen."

Wenn ich mich recht erinnere, hatte gerade R.D. als Kind ein Problem damit, böse Gesichter in unbelebten Gegenständen zu sehen. (Da war er anscheinend noch ein Dualist!?)

Und nachdem wir wieder einmal alles zusammenwerfen, was nicht zusammengehört, bleibt uns auch hier nur übrig, noch einmal in die Einzelheiten zu gehen.

Um Wesenhafte/Naturwesen und Geister zu schauen, bedarf es eines Schauens mit den Augen unserer wesenhaft-feinstofflichen Hülle. Immer nur die gleiche Stoffart kann Gleichartiges erkennen, so, wie wir mit den irdischen Augen auch nur Irdisches zu sehen vermögen. Wir können uns die feineren Hüllen vom Prinzip ähnlich wie die russische Matrjoschka vorstellen – eine ineinander geschachtelte Holzpuppe.

Noch etwas anders ist es mit den Dämonen.

Die Angst vor Dämonen zum Beispiel, in primitiven Stämmen, hatte durchaus ihre Berechtigung, weil es sie auch wirklich gibt! Allerdings handelt es sich hier um aus einer Emotion entstandene Gedankengebilde, die vom Menschen selbst erzeugt werden.
Es sind feinstoffliche Formen der Angst. Sie haben ein gewisses Leben, weil sie aus der *Empfindung, aus dem Geist* kommen.
Die Geschichte von Laotse erzählt von diesem Phänomen, das damals weit verbreitet war. Auch kommt die Dämonenangst keineswegs aus einer *dualistischen Anschauung*, sonst würden ja nicht gerade primitive Stämme, die vielleicht noch nie etwas von Religion gehört haben, am meisten darunter gelitten haben. Diese aus Angst entstandenen Gebilde lösen sich auch schnell auf, tritt man ihnen mutig entgegen. Genährt werden sie nur aus weiterer Angst derer, die sie zu schauen vermögen.
Dämonen sind ganz anderer *Art* als die oben erwähnten Naturwesen. Wie wir nun schon wissen, ist es auch hier nicht ein Schauen mit den irdischen Augen, sondern, wie es in allen anderen Fällen auch ist, wo Außerirdisches wahrgenommen wird, handelt es sich immer um denselben Vorgang.

Weil es eben nicht so ist, daß *Geist* ein Teil des Gehirns ist, wirkt sich das fehlende Wissen um die *wirklichen* Zusammenhänge geradezu dramatisch aus.

GB. Auszug „Gewohnheitsgläubige"

... „Die Herrschaft des Verstandes schließt den Geist ganz ab von jeder Möglichkeit seiner notwendigen

130

Entwicklung. Das ist an sich nicht böswillig von dem Verstand, sondern nur eine ganz naturgemäße Auswirkung.

Er handelt damit lediglich nach *seiner Art*, weil er nicht anders kann, als *seine Art* allein zur Blüte und zu vollster Stärke zu entwickeln, wenn er einseitig großgezogen und an falsche Stelle gesetzt wird, indem man ihm das ganze Erdensein rückhaltlos unterwirft.

Und diese seine Art ist erdgebunden, sie wird niemals anders sein, weil er als das Produkt des Erdenkörpers auch in dessen Grenzen bleiben muß, also rein irdisch grobstofflich; denn Grobstofflichkeit kann nicht Geistiges erzeugen.

Der Fehler liegt allein am Menschen selbst und darin, daß er dem Verstand die Herrschaft übergab und sich auch selbst dadurch nach und nach versklavte, also an die Erde band.

Damit ging ihm der eigentliche Zweck des Erdenseins, die Möglichkeit des geistigen Erkennens und geistigen Reifens, vollständig verloren.

Er begreift es einfach nicht mehr, weil ihm die Kanäle dazu abgedrosselt sind. Der Geist liegt in dem Erdenkörper wie ein Sack, der oben zugebunden ist durch den Verstand. So kann der Geist auch nichts mehr sehen, nichts mehr hören, es ist damit jeder Weg zu ihm hinein genauso abgeschnitten wie sein Weg hinaus.

Daß es so dicht verschlossen werden konnte durch den irdischen Verstand liegt daran, weil die Zubindung schon *vor* der körperlichen Reife vor sich geht, also bevor die Zeit für die Heranwachsenden kommt, in welcher der Geist durch den Körper wirkungsvoll nach außen dringen soll, um eine führende Verbindung mit der umliegenden Stofflichkeit zur Stählung seines Wollens aufzunehmen.

Zu dieser Zeit ist der Verstand aber bereits einseitig viel zu stark entwickelt worden durch die falsche Schulung und er hält die grobstoffliche Hülle um den Geist schon fest verschlossen, so daß dieser gar nicht zu der Entwicklung oder zur Geltung kommen *kann*.

Verderbenbringende Einseitigkeit der Schulung, der geistige Ausgleich fehlte! Dem Geiste wurde nur ein starres Dogma aufgedrängt, das ihm nichts geben kann, ihn nicht erwärmt zu eigener und freier Überzeugung alles dessen, was mit Gott zusammenhängt, weil das Gelehrte selbst Lebendiges entbehrt und mit dem Licht *nicht* in Verbindung steht, da in den Lehren überall schon der Verstand des Erdenmenschen und sein Dünkel viel Verheerung angerichtet hat.

Die bisherige Schulung über Wissen von dem Schöpfer stand auf viel zu schwachen oder besser gesagt durch die Menschen schon geschwächten Füßen, als daß es Schritt zu halten hätte fähig bleiben können mit dem immer mehr in einseitiger Pflege schnell erstarkenden Verstande.

Der Unterricht, der für den *Geist*, also für das Gemüt starker Empfindungsfähigkeit berechnet ist, blieb immer starr und damit leblos, konnte deshalb geistig auch niemals wirklich *empfangen* werden.

Es wurde dadurch alles nur zu dem *Erlernen* hingedrängt, dem kein Erleben werden konnte, wodurch auch das, was vorwiegend dem *Geiste* galt, wie alles andere von dem *Verstande* aufgenommen werden mußte und von diesem festgehalten blieb, ohne herankommen zu können an den Geist. Dadurch mußten die Tropfen des lebenden Wassers, soweit solche doch noch einmal hier und da vorhanden waren, auch versanden.

Die Folge war und *mußte* sein, daß der Geist *nichts* erhielt und alles der Verstand! Damit wurde zuletzt *der* Zustand erreicht, daß der Geist überhaupt nichts mehr aufzunehmen vermochte. Das brachte den Stillstand des ohne Anstoß von außen sowieso immer nach Untätigkeit neigenden gewesenen Geistkeimes und seinen unvermeidlichen Rückgang.

In der Untätigkeit und Reibungslosigkeit erschlaffte er mehr und mehr, bis er heute nun ein jammervolles Bild zeigt auf der Erde; von erdgebundener Verstandesklugheit gesättigte Menschen mit völlig erschlafften und zum großen Teile auch schon wirklich schlafenden Geistern!"

Kinder und Religion – oder die geistige Freiheit.

Kommt ein Kind zur Welt, so wird es, sofern Eltern einer Religionsgemeinschaft angehören, durch entsprechende Riten gleich als neues Mitglied in die jeweilige Religionsgemeinschaft eingeführt, als solches gleichsam eingebunden und verpflichtet, um dann in diesem speziellen religiösen Geist auch erzogen zu werden. Als Kind ist man dann evangelisch oder katholisch, Muslim oder Jude u.a., ohne in der Kindheit eine Möglichkeit zu haben, seinen geistigen Weg selbst zu bestimmen, was ja aus der Natur der Sache mit einer gewissen Reife verbunden bleibt.

Da dem Kind ja keine Wahl bleibt, ist es nach Dawkins auch eine Unmöglichkeit zu sagen, dieses Kind ist ein Muslim, ein Katholik oder sonst etwas. Und muß dem Autor hier nicht recht gegeben werden? Denn dies ist die Entscheidung der Eltern, nicht in Selbstbestimmung die des Kindes.

Wie sehr bestimmt nun oder schadet diese „Programmierung" oder Indoktrinierung im Kindesalter der kindlichen Seele, wie R.D. das vermutet, wenn sie von den Eltern in religiösen Dingen in eine vorgefertigte Form miteingebunden wird?

Mit großer Skepsis betrachtet Richard Dawkins diese Seite des religiösen Lebens, zu Recht?

Sind Kinder wie ein Computer zu programmieren, und wie nachhaltig beeinflußt das ihr Verhalten, ihren Glauben und auch ihren Lebensweg?

Auszug
Richard Dawkins:

„Ein Computer tut, was man ihm befiehlt. Er gehorcht sklavisch den Anweisungen, die ihm in seiner eigenen Programmiersprache erteilt werden. Deshalb kann er nützliche Tätigkeiten wie Textverarbeitung und Tabellenkalkulation ausführen. Aber das hat zwangsläufig einen Nebeneffekt: Er befolgt ebenso roboterhaft auch schlechte Anweisungen. Ob ein Befehl gute oder schlechte Auswirkungen haben wird, kann er nicht unterscheiden. Er gehorcht ganz einfach, genau wie Soldaten es tun sollen. Computer sind wegen ihres Kadavergehorsams nützlich, aber genau dieser Gehorsam macht sie zwangsläufig auch anfällig für Infektionen durch Softwareviren und -würmer.

Ein in böser Absicht geschriebenes Programm, das dem Computer sagt: „Kopiere mich und schicke mich an jede Adresse, die du auf der Festplatte findest", wird einfach ausgeführt, und die Ausführung wiederholt sich in exponentieller Vervielfachung auf den nächsten Computern, an die das Programm geschickt wird. Die Konstruktion eines Computers, der gehorsam, nützlich und gleichzeitig immun gegen Viren ist, ist schwierig oder gar unmöglich. [...]"

„Religionsführer wissen genau, wie anfällig Kindergehirne sind und wie wichtig es ist, daß die Indoktrination frühzeitig stattfindet. Die Prahlerei der Jesuiten „Gib mir das Kind während seiner ersten sieben Jahre, dann gebe ich dir den Mann zurück" ist zwar abgedroschen, aber deshalb nicht weniger wahr (und bedrohlich). In jüngerer Zeit ist James

Dobson, der Gründer der berüchtigten Bewegung „Focus on Family", mit dem Prinzip genauso vertraut: „Wer darüber bestimmt, was junge Menschen lernen und erleben – was sie sehen, denken und glauben –, der bestimmt die Zukunft der Nation. Aber wie gesagt, meine Vermutung über die nützliche Leichtgläubigkeit des kindlichen Geistes ist nur ein Beispiel dafür, wo Entsprechungen zur Orientierung der Motte an den Sternen zu suchen wären."

Da Kinder von Natur aus mit einem Urvertrauen Erwachsenen gegenüber ausgestattet sind, ist eine Indoktrinierung des kindlichen Geistes sicher relativ leicht. Die Erziehung der Kinder legt deshalb den Ausübenden, den Eltern und Lehrern, den Religionen wie auch dem Staat eine große Verantwortung auf. Natürlich ist ein Kind in gewissem Sinne beeinflußbar, nur ist dieser Vorgang nicht mit einer Computerprogrammierung gleichzusetzen, denn ein Kind ist ja kein Computer!

So wie bei jedem Menschen ist auch bei einem Kind der innere Wesenskern „Geist", und deshalb bringt es auch schon ein erhebliches Potential an Erleben aus früheren Existenzen mit, ist also kein unbeschriebenes Blatt mehr, wie man fälschlicherweise annimmt. Der Geist weiß vieles, wovon das Tagbewußtsein keine Ahnung hat. Grundsätzlich ist es sehr wahrscheinlich, daß das Kind auch schon mit vielen Religionen in Berührung gekommen ist. Da sich dieses Erleben dem *Geist* eingeprägt hat, bringt es diese Erkenntnisse als Fundament auch schon mit.

Der Computer kann nur das ausführen, was man ihm als Programm eingibt, er hat keine Entscheidungsfreiheit und vor allem keine Empfindung. (Die Stimme des Geistes)

Hier liegt auch der entscheidende Unterschied. Ein Kind verfügt über diesen inneren Kompaß und ist oft mit einer untrüglichen Empfindung für das Rechte und das Falsche ausgestattet. Daß Kinder in ihrem Urteil oft ganz kompromißlos und echt sind, erinnert etwas an die Ausführungen von Thomas Mann, denn sie kommen ja gerade aus diesem Erleben.

Bei Kindern, die eine religiöse Erziehung entbehren, ist nicht selten ein verstärktes Verlangen nach Gott festzustellen. Es ist eben dieser *angeborene Dualismus* (ein religiöses Grundverlangen), der durch dieses innere Wissen hervorgerufen wird. Ähnlich auch das Urvertrauen, das dem Erwachsenen entgegengebracht wird.

So ist das Kind auch nicht schutzlos jeder Indoktrinierung ausgeliefert und dann nur ein Produkt seiner Umgebung und Erziehung. Der Geist braucht immer wieder neues Erleben, neue Anstöße und Reibungen, um zu erstarken. Jegliches *Erleben* fördert den Geist in seiner Entwicklung. So kann natürlich auch bei unwissenden Eltern oder bei einseitig enger, dogmatisch-religiöser Erziehung ein weitsichtiger, großer Geist unbeschadet daraus hervorgehen. Denn jedes Kind, das auf der Erde geboren wird, hat schon viele Inkarnationen hinter sich und kann aus diesem Erleben auch seine Schlüsse ziehen. Sozusagen eine Selektion des Brauchbaren. Das fügt sich nun nahtlos in die darwinistische Betrachtungsweise ein.

Einzig die Reinkarnationslehre birgt auch eine vernünftige Erklärung, warum Kinder so unterschiedlich in ihren Anlagen sind, da bei gleichen Eltern ja immer die gleichen Erbfaktoren vorhanden sind. Dieser Faktor könnte die Wissenschaftler eigentlich schon auf die richtige Spur bringen. Diese Tatsache allein spricht schon sehr dafür, daß sich die Gene, also die Erbinformation, vorwiegend auf den irdischen Körper beschränkt und alles andere dem Geist zuzuschreiben ist, wie die innere Moral, ein soziales Empfinden, ein innerer Kompaß für wahre Schönheit, für menschliche Anmut als Geisteshaltung, Begabungen usw.

Das irdische Gehirn fungiert nur als Werkzeug, das geistige Eindrücke in das Irdische verdichtet, umwandelt und zuordnet, die Geschichte mit den „Modulen" sozusagen. Spricht unsere Empfindung, die ein Ausdruck des Geistes ist, z.B. in Freude oder Leid, so ist das im Sonnengeflecht und nicht im Kopf zu spüren, was uns ja deutlich zeigt, daß *Geist* und *Verstand* keinesfalls gleichzusetzen sind!

Ein vielgebrauchter, gängiger Spruch ist heute: „Ich handle aus dem Bauch heraus." Das bezieht sich nun genau auf die Stelle, wo sich der Geist befindet, nämlich das Sonnengeflecht, in Magengegend. Aus Erfahrung kann man sagen, Entscheidungen, die so gefällt werden, sind schneller, präziser und auch richtiger als die Kopfentscheidungen.

Aus der Natur der Sache heraus gibt es auch hier eine klare, sprachliche Unterscheidung.

Ein gewisser Schutz besteht für Kinder nun eben darin, daß der kindliche Geist in anderen Leben schon mit mancher Wahrheit in Berührung gekommen ist und für sich vieles schon ausscheiden konnte, was er vielleicht bereits als unwahr erkannt hat. Dadurch hat er auch einen untrüglichen inneren Maßstab, nämlich seine Empfindung, sofern sie nicht durch zuviel Verstandesarbeit zugeschüttet ist.

Vielleicht muß von uns nur noch die rechte Form gefunden werden, wie wir unser religiöses, spirituelles

Empfinden oder Verlangen auch sinnvoll angepaßt an den ursprünglichen Schöpfungsgedanken leben können. Denn ein Leben ohne diesen aufbauenden, lebenserhaltenden Aspekt entbehrt jeder Sinnhaftigkeit.

GB. Die Sprache des Herrn

... „Heilige Pflicht des Menschengeistes ist es, zu erforschen, wozu er auf der Erde oder überhaupt in dieser Schöpfung lebt, in der er wie an tausend Fäden hängt.
So klein dünkt sich kein Mensch, sich einzubilden, daß sein Dasein zwecklos wäre, wenn *er* es nicht zwecklos macht. Dazu hält er sich selbst auf jeden Fall für zu wichtig. Und doch vermögen sich nur wenig Erdenmenschen aus der Trägheit ihres Geistes mühevoll *so* weit zu lösen, um sich ernsthaft mit Erforschung ihrer Aufgabe auf Erden zu befassen.
Trägheit des Geistes ist es auch allein, die sie von anderen verfaßte feststehende Lehren anzunehmen willig macht. Und Trägheit liegt in der Beruhigung, zu denken, daß es Größe ist, am Glauben ihrer Eltern festzuhalten, ohne die darin enthaltenen Gedankengänge scharfen, sorgfältigen Eigenprüfungen zu unterziehen.
In allen diesen Dingen werden nun die Menschen eifrig unterstützt von den berechnenden und eigensüchtigen Vereinigungen, welche in der Ausdehnung an Zahl der Anhänger den besten Weg zu der Vergrößerung und Sicherung des Einflusses und damit Anwachsens der Macht zu haben glauben.

Weit liegt von ihnen wahres Gotterkennen; denn sie würden sonst den Menschengeist nicht binden in die Fesseln einer feststehenden Lehre, sondern müßten ihn zu der von Gott bestimmten Selbstverantwortung erziehen, welche *volle Freiheit des geistigen Entschlusses* grundsätzlich bedingt! Ein darin freier Geist allein kann zu dem wahren Gotterkennen kommen, das in ihm zu voller Überzeugung reift, die nötig ist für jeden, der zu lichten Höhen aufgehoben werden will; denn nur die freie, aufrichtige Überzeugung kann ihm dazu helfen.

Ihr Menschen aber, was habt ihr getan! Wie habt ihr diese höchste Gnade Gottes unterbunden, frevlerisch verhindert, daß sie sich entwickeln kann und allen Erdenmenschen *den* Weg öffnet, der sie sicher zu dem Frieden, zu der Freude und zum höchsten Glücke führt!

Bedenkt: Auch in der Wahl, Zustimmung oder dem Gehorchen, das als Folge der geistigen Trägheit vielleicht nur gewohnheitsmäßig vor sich geht, oder weil es bei anderen so üblich ist, liegt ein persönlicher Entschluß, der für den also Handelnden schöpfungsgesetzmäßige   Selbstverantwortungen nach sich zieht!

Für die, so einen Menschengeist dazu veranlassen, geht eine Selbstverantwortung natürlich auch als unvermeidbar, unverrückbar Hand in Hand. Es läßt sich nicht das kleinste Denken oder Handeln ohne gleichartige Folgen aus der Schöpfung streichen, in deren Gewebe sich die Fäden für den einzelnen wie für die Massen spinnen, unbeirrt, der Auslösungen harrend, welche von den Urhebern, also Erzeugern, letzten Endes wiederum empfangen werden müssen, sei es nun als Leid oder als Freude, je nach der Art, wie sie von ihnen dereinst geboren wurden, nur gewachsen und damit verstärkt.

Ihr hängt in dem Gewebe eures Wollens, eures Tuns und kommt nicht davon los, bevor die Fäden von euch fallen können in der Ablösung.

Unter allen Kreaturen in der Schöpfung hat der Menschengeist als einziger den *freien Willen*, den er ja bis heute nicht erklären konnte, nicht verstand, weil er in seinen engen Grenzen des Verstandesgrübelns keine Anhaltspunkte als Beweise dafür fand.

Sein freier Wille liegt allein in dem *Entschlusse*, deren er ja stündlich viele fassen kann. Den Folgen aber eines jeden seiner eigenen Entschlüsse ist er in dem selbständigen Weben der Schöpfungsgesetze unbeirrbar unterworfen! Darin liegt seine Verantwortung, die untrennbar verbunden ist mit der Gewährung einer Willensfreiheit im Entschlusse, die dem Menschengeiste untrennbar gegeben eigentümlich ist. Wo bliebe sonst die göttliche Gerechtigkeit, welche als Stütze, Ausgleich und Erhaltung alles Schöpfungswirkens in der Schöpfung fest verankert ist?

Sie zählt jedoch in ihren Auswirkungen nicht immer nur nach kurzer Spanne eines Erdenseins für einen Menschengeist, sondern es sind dabei ganz andere Bedingungen, wie Leser meiner Botschaft wissen.

Ihr habt mit vielen oberflächlichen Entschlüssen schon oft Unheil über Euch gebracht und zwingt es manchmal über Eure Kinder. Wenn Ihr auch selbst zu träge Euch erwieset, um die Kraft noch aufzubringen, selber zu entscheiden in dem innersten Empfinden, ohne Rücksicht auf Gelerntes, ob auch jedes Wort, welchem Ihr anzuhängen Euch entschlosset, Wahrheit in sich bergen kann, so solltet Ihr die Folgen Eurer Trägheit nicht noch Euren Kindern aufzuzwingen suchen, die ihr damit in das Unglück stürzt.

Was also auf der einen Seite Geistesträgheit nach sich zieht, bewirkt bei anderen berechnender Verstand.

Durch diese beiden Feinde der geistigen Freiheit im Entschlusse ist die Menschheit nun gebunden bis auf wenige, welche den Mut noch aufzubringen sich bemühen, diese Bindung in sich zu zersprengen, um selbst wirklich Mensch zu werden, wie es in Befolgung göttlicher Gesetze liegt.

Die göttlichen Gesetze sind in allem wahre Freunde, sind helfende Gnaden aus dem Willen Gottes, der die Wege zu dem Heile damit öffnet jedem, welcher sich darum bemüht.

Es gibt nicht einen einzigen anderen Weg dazu als den, welchen die Gottgesetze in der Schöpfung deutlich zeigen! Die gesamte Schöpfung ist die Sprache Gottes, die zu lesen ihr euch ernstlich mühen sollt und die gar nicht so schwer ist, wie ihr es euch denkt.

Ihr gehört zu dieser Schöpfung als ein Stück von ihr, müßt deshalb mit ihr schwingen, in ihr wirken, von ihr lernend reifen und dabei erkennend immer mehr emporsteigen, von einer Stufe zu der anderen, mitziehend in der Ausstrahlung, um zu veredeln alles, was auf eurem Wege mit euch in Berührung kommt.

Es wird sich dann von selbst ein schönes Wunder nach dem anderen um euch herum entwickeln, die euch wechselwirkend immer weiter heben.

Lernet in der Schöpfung euren Weg erkennen, damit wißt ihr auch den Zweck eures Seins.

Dankender Jubel wird euch dann erfüllen und das höchste Glück, das ein Menschengeist zu tragen fähig ist, welches allein im Gotterkennen liegt!

Glückseligkeit des wahren Gotterkennens aber kann niemals aus angelerntem, blindem Glauben wachsen noch viel weniger erblühen, sondern überzeugtes Wissen, wissende Überzeugung gibt dem Geiste allein das, was er dazu benötigt.

Ihr Erdenmenschen seid in dieser Schöpfung, um Glückseligkeit zu *finden*! In der Sprache, welche Gott lebendig zu euch spricht! Und diese Sprache zu verstehen, sie zu lernen, Gottes Willen darin zu empfinden, *das* ist euer *Ziel* im Wandel durch die Schöpfung. In der Schöpfung selber, zu der ihr gehört, liegt die Erklärung eures Daseins*zweckes* und gleichzeitig auch Erkennung eures *Zieles*! Anders könnt ihr beides niemals finden.

Das verlangt von euch, daß ihr die Schöpfung *lebet*. Leben oder *erleben* vermögt ihr sie jedoch erst dann, wenn ihr sie wirklich *kennt*."

Stufen

Wie jede Blüte welkt und jede Jugend
dem Alter weicht, blüht jede Lebensstufe,
Blüht jede Weisheit und auch jede Tugend
Zu ihrer Zeit und darf nicht ewig dauern.

Es muß das Herz bei jedem Lebensrufe
Bereit zum Abschied sein und Neubeginne,
Um sich in Tapferkeit und ohne Trauern
In andre, neue Bindungen zu geben.

Und jedem Anfang wohnt ein Zauber inne,
Der uns beschützt und der uns hilft, zu leben.
Wir sollen heiter Raum um Raum durchschreiten,
An keinem wie an einer Heimat hängen,
Der Weltgeist will nicht fesseln uns und engen,
Er will uns Stuf'um Stufe heben, weiten.

Kaum sind wir heimisch einem Lebenskreise
Und traulich eingewohnt, so droht Erschlaffen,
Nur wer bereit zu Aufbruch ist und Reise,
Mag lähmender Gewöhnung sich entraffen.
Es wird vielleicht auch noch die Todesstunde
Uns neuen Räumen jung entgegensenden,
Des Lebens Ruf an uns wird niemals enden ...
Wohlan denn, Herz, nimm Abschied und gesunde !

Hermann Hesse
Aus „Das Glasperlenspiel"

Die Entwicklung des Glaubens

Da das gesprochene oder geschriebene Wort auch selbsttätig Selbstverantwortung nach sich zieht, will ich hier
nicht auf das unerfreulichste Kapitel, auf die ganz speziel-
le Art der Beurteilung eingehen, mit der der Schriftsteller
Richard Dawkins Gott, Jahwe, Christus, Allah in seinem
Kapitel „Die Gotteshypothese" abhandelt. Dazu ist mir
alles, was mit Gott zu tun hat, zu heilig, als daß ich die
unaussprechliche Gehässigkeit, die hier an den Tag gelegt
wird, noch einmal wiederholen möchte.

Fahren wir also sachlich fort.
Tatsächlich ist leider nicht zu leugnen, daß durch das
immer größere moralische Absinken, das unbedingt als
die Folge einer fehlenden geistigen Entwicklung gesehen
werden muß, auch die menschliche Sichtweise sich immer mehr einschränkt.
Daß Gott heute nur noch als Zerrbild seiner selbst dargestellt und wahrgenommen wird, geht *allein* auf das Kon-
to der Menschen. In dieser Abwärtsentwicklung sehen
wir uns einer zunehmenden Verdichtung gegenüber und
dadurch einer höchst fragwürdigen Bewertung der Dinge
durch den *Verstand.* „Man sieht nur mit dem Herzen gut!"
Saint- Exupéry – So wäre es kein Fehler, Unverstandenes
(gerade wenn es sich um geistige Dinge handelt) auch
einfach erst einmal ohne Gehässigkeit als unverstanden
beiseite zu lassen, bis man vielleicht zu einem besseren
Verständnis gelangt.
Dem Umstand einer rein auf das Irdische gerichteten
Sichtweise ist es wohl zu „verdanken", daß auch der ame-
rikanische Politiker Thomas Jefferson, der als sogenannter

„fortschrittlicher Geist" von Dawkins mit Vorliebe zitiert wird, zu folgender Feststellung kommt:
Th. Jefferson betrachtet den Gott des alten Testamentes, weit gemäßigter übrigens als R. Dawkins, „als entsetzliche Gestalt: grausam, rachsüchtig, launisch und ungerecht".

Die Dinge in ihrem Wert beurteilen zu wollen setzt ein großes Maß an Weitsicht und einige Kenntnis der damaligen Gegebenheiten voraus. So müßte auch in der Beurteilung alter Überlieferungen für jede Zeit ein ganz anderer Rahmen angelegt werden, denn jede Epoche menschlicher Entwicklung hat auch andere Notwendigkeiten. Weil nun das alttestamentarische Geschehen Urzeiten zurückliegt, entzieht es sich heute *natürlich* in vielem unserem modernen Verständnis. Erst unter Berücksichtigung vieler Faktoren mag eine der Sache angemessene Einschätzung erfolgen. Es wäre außerdem ein interessantes Experiment, die Bibel einmal unter dem Gesichtspunkt der in der Schöpfung ruhenden Gesetze zu betrachten. Es würde sich zweifellos vieles für uns etwas anders darstellen!

In dem reinen Wirken der *Natur* finden wir auch den *Gotteswillen!*

Großzügigkeit und Beständigkeit liegt in dieser wunderbaren Möglichkeit, die *Leben* heißt. Lassen wir einmal alle menschlichen Unzulänglichkeiten beiseite, dann sehen wir uns eingebunden in ein großartiges, geordnetes System, in dem alles Wesentliche auch fühlbar wird. Wir erkennen hier die unfaßbare *Weisheit des Schöpfers*, der alles so eingerichtet hat, daß jede Kreatur sich darin auf das Schönste auch entwickeln kann, so sie nur will. Wo jedes Lebewesen, und sei es auch das Kleinste, Bedingungen vorfindet, die exakt auf seine Bedürfnisse abgestimmt sind. Im Geistigen wie im Irdischen. Wie auch das Wetter einmal Sonne, dann wieder Regen und Sturm bringt, so sorgt das Leben auch fortwährend für die erforderlichen geistigen Anstöße, die Lernprozesse, an denen der Geist wachsen kann, und auch für die nötige Bewegung. Eine Pflanze nur unter Sonnenbestrahlung müßte auch schnell verdorren, denn die Natur kennt keinen Stillstand!

Gottes Güte sehen wir in der Hilfe, die er seinen Geschöpfen zu jeder Zeit zukommen läßt, wenn diese nach seiner Hilfe auch verlangen. *Gottes Gerechtigkeit* aber zeigt sich in der Unbestechlichkeit seiner Gesetze, die keine Willkür zulassen.
Es gibt kaum einen Aspekt, der so für die Existenz eines *vollkommenen Gottes* spricht, wie die Schönheit in der Natur.

Die Natur als *Signatur* des in Vollkommenheit wirkenden Gotteswillens!

Was haben wir Menschen dem entgegenzusetzen? Es gibt nichts im menschlichen Wirken, was sich auch nur im entferntesten damit messen kann! Ist ein Grashalm, einmal genau betrachtet, nicht ebenso vollkommen wie eine in Schönheit strahlende Blume? Wie entzückt das Auge die ungeheure Artenvielfalt der Flora und Fauna, die Berge, die Seen, das Meer, ein Vogel, der seine Lebensfreude hinausjubiliert ... Alles, was der Gotteswille hier aufbauend und erhaltend wirkt, zeigt sich in vollendeter Schönheit, atmet Schönheit.

Das ist aber nur die uns sichtbare Welt. Ganz anderes noch erwartet uns in den feineren Welten.

Ein kleiner Abglanz liegt aber auch im Menschen als ein Schatz, der noch gehoben werden will. Der *Schönheitssinn*, der uns so gänzlich verlorenging!

Da in der Natur, unserem großen Vorbild, die Schönheit eine so elementare Rolle spielt, ist es doch auch für uns leicht erkennbar, daß *Schönheit* ein tragendes Element in der Schöpfung ist, das dem *Willen Gottes* entspricht! Weil die Naturwesen rein im Gotteswillen schwingend wirken, ist die Natur auch von unbeschreiblicher Schönheit.

Wollen wir uns diesem Schöpfungsgedanken sinnvoll einfügen, bedingt dies unerläßlich auch, den Schönheitssinn zu entwickeln!

An manchen Beispielen kann man noch erkennen, wie es aussieht, wenn sich etwas im *reinen* Schwingen des Schöpfungsgesetzes entwickelt. In vielen Ländern finden wir noch wunderschöne Reste solch gewachsener Kulturen, wo alles noch harmonisch schwingt.

Im Urlaub locken eben *jene* Ziele, die uns auch heute noch einen Hauch des Vollkommenen vermitteln. Wir sind verzaubert von der Schönheit einer Entwicklung, die den Völkern und dem Lebensgefühl der Menschen auch entsprach. Wo Baustil, Gewänder, Musik und Sprache noch als Einheit empfunden wird, sich Tänze formen konnten, die entzücken und ein Bild reinster Schönheit sind.

Es konnte alles in Vollendung, oft in bezaubernder Anmut entstehen, so daß Erfrischung in der Ergänzung immer gegeben war. (Schönheit der Völker GB.)
Daß wir uns von dieser natürlichen Entwicklung längst
abgetrennt haben, mit allen negativen Folgen, ist überall
zu sehen.
Je mehr sich der Verstand in den Vordergrund drängen
konnte, wich auch die Schönheit als aufbauender, erhal-
tender, im Gotteswillen schwingender Aspekt. Die Folge war: Gleichschaltung und Gleichmacherei, der jede
Schönheit fehlt.
Daß sich z.B. die Kunst heute in allen Bereichen häßlich
präsentieren muß, um als Kunst auch anerkannt zu werden, bestätigt nur diesen allgemeinen Niedergang.
Hier kann ich es mir doch nicht versagen, Pablo Picasso
einmal zu Wort kommen zu lassen.

Aus Ephraim Kishons Buch: „Picassos süße Rache":
„Picassos überraschender Nachlaß wurde zum ersten Mal
am 2. Mai 1952 in Madrid und später unter anderem in
einem Buch ‚Libro Nero' des bekannten italienischen
Kunstkritikers Giovanni Papini veröffentlicht – und er
verursachte die größte Aufregung unter den Lesern meines ersten Kunstbuches. Was sagt nämlich Picasso in diesem künstlerischen Testament?"

„Seit die Kunst nicht mehr Nahrung der Besten
ist, kann der Künstler sein Talent für alle Wand-
lungen und Launen seiner Phantasie verwenden.
Alle Wege stehen der intellektuellen Scharlatane-
rie offen. Das Volk findet in der Kunst weder Trost
noch Erhebung. Aber die Raffinierten, die Reichen,

die Nichtstuer und Effekthascher suchen in ihr Seltsamkeit, Originalität, Verstiegenheit und Anstößigkeit. Ich habe die Kritiker mit den zahllosen Scherzen zufriedengestellt, die mir einfielen und die sie um so mehr bewunderten, je weniger sie ihnen verständlich waren.

Ich bin heute nicht nur berühmt, sondern auch reich. Wenn ich aber allein mit mir bin, kann ich mich nicht als Künstler betrachten im großen Sinne des Wortes. Große Maler waren Giotto, Tizian, Rembrandt und Goya. Ich bin nur ein Clown, der seine Zeit verstanden und alles rausgeholt hat aus der Dummheit, der Lüsternheit und Eitelkeit seiner Zeitgenossen."

Nach dieser kleinen Abschweifung zurück zum Thema. Auszug R.D.

„Mein Angriff gilt nicht den besonderen Eigenschaften von Jahwe, Jesus oder Allah und auch keinem anderen einzelnen Gott wie Baal, Zeus oder Wodan. Ich möchte die Gotteshypothese, damit sie besser zu verteidigen ist, wie folgt definieren:
Es gibt eine übernatürliche, übermenschliche Existenz, die das Universum und alles, was darin ist, einschließlich unserer selbst, absichtlich gestaltet und erschaffen hat."
(R.B. Außer dem Begriff „übernatürlich", richtig wäre *überirdisch*, ist diese Version buchstäblich richtig!)

Setzen wir den Text fort: „*Jede Kreative Intelligenz, die ausreichend komplex ist, um irgend etwas zu gestalten,*

entsteht ausschließlich als Endprodukt eines langen Pro-
zesses der allmählichen Evolution.
Da kreative Intelligenz durch Evolution entstanden
ist, tritt sie im Universum zwangsläufig erst sehr
spät in Erscheinung. Sie kann das Universum deshalb nicht entworfen haben.
Gott im eben definierten Sinn ist eine Illusion – und
zwar, wie in späteren Kapiteln deutlich werden wird,
eine gefährliche Illusion.
Da die Gotteshypothese sich nicht auf Belege stützt,
sondern auf lokale Überlieferungen und private Offenbarungen, ist es nicht verwunderlich, daß sie in
vielen Versionen existiert.
Religionshistoriker erkennen eine Entwicklung vom
primitiven Stammesanimismus über polytheistische
(Götterglaube) Religionen wie bei Griechen, Römern und Wikingern bis zum Monotheismus (Glaube an einen Gott) des Judentums und seiner Ab-
kömmlinge, des Christentums und des Islam."

In dieser Aufzählung läßt sich für uns auch ganz klar
eine *aufwärtsschreitende – geistige – Entwicklung* ablesen.
Die frühen Stammesriten beschränkten sich meist auf
von Menschen selbstgemachte Götzen. Im Laufe der
menschlich-geistigen Entwicklung konnten schon die
aus feinerem Stoff bestehenden Naturwesen und deren
Führer wahrgenommen werden. Erst bei einer eingetre-
tenen, größeren geistigen Reife kam ein Erkennen der
wahren, der höchsten Gottheit. Dieser Vorgang entspricht durchaus wieder einer natürlichen Entwicklung,
wie sie auch Darwin zugrunde legt, allerdings hier einer

mit der irdischen Entwicklung Hand in Hand gehenden *geistigen* Entwicklung.

An dieser Stelle muß eindringlich noch einmal die Frage aufgeworfen werden: Woher kommt der Anstoß für die Evolution, daß so eine unerhört geniale Entwicklung des Lebens überhaupt stattfinden konnte?

Jene kreative Intelligenz, die komplex genug ist, um etwas zu gestalten, der Mensch also, ist tatsächlich erst in einer Phase in Erscheinung getreten, als eine größtmögliche Annäherung in der Entwicklung, zum einen der Stofflichkeit, zum anderen des Geistes, eine Anschlußmöglichkeit bot. Wie in dem Kapitel 3 bereits beschrieben.

(R.D. *„Sie kann das Universum deshalb nicht entworfen haben."*) Das dürfte wohl jedem klar sein, daß der Mensch das Universum, besser gesagt, die *Schöpfung,* nicht entworfen hat. Im gleichen Atemzug bezeichnet Dawkins Gott, den Einzigen, dem ein Werk dieser Güte und Größenordnung zuzutrauen ist, dessen Komplexität und Feinabstimmung über das menschliche Begreifen *weit* hinausgeht, als gefährliche Illusion und denkt gar nicht daran, die klaffende Lücke auch zu schließen. Gefährlich, weil in den Augen des Schriftstellers Gott eine Erfindung der Menschen ist, um machtpolitische Ziele durchzusetzen. Das ist eindeutig zu klein gedacht, und hier irrt er auch. Bei allen machtpolitischen Bestrebungen menschlicher Institutionen bleibt die Schöpfung in ihrer Entstehung ein Vorgang, der von Menschenwollen ganz unberührt bleibt.

Diese Schöpfung *existiert* schließlich in ihrer ganzen Großartigkeit *ohne* Menschenzutun. Daß ein sogenannter Zufall die Ursache für die Schöpfung sein könnte, diesen Gedanken kann man getrost beiseitelegen, denn er ist falsch!
Gott hat sich im Laufe der Zeiten vielfältig offenbart, und
machtvoll offenbart er sich auch heute. Eine verschlosse-
ne Tür öffnen wir auch nur mit dem passenden Schlüssel.
Betrachtungen unter falschen Voraussetzungen ergeben
kein Gesamtbild, und künstliche Konstruktionen können
nicht über die sichtbaren Lücken hinweghelfen.
Der Einzige, der die Schöpfung wirklich kennt, ist sein
Erbauer!
ER allein vermag auch aus der Natur der Sache heraus
genaue Erklärungen abzugeben über die in der Schöpfung wirksamen Zusammenhänge. Auch darüber, wohin
die jeweiligen Wege führen müssen, die wir Menschen
eingeschlagen haben, wo die Gefahren liegen und wo das
Endziel des eingeschlagenen Weges ist. Gerade in letzter
Zeit sind vielfältigste Warnungen durch Kündungen aus-
gesprochen worden, die im Großen und Ganzen jedoch
kaum Beachtung finden.
Daß wir Menschen zu jeder Zeit und gerade dann, wenn
wir durch Unkenntnis und Unwissenheit großen Gefahren ausgesetzt waren, stets Hilfen von „Oben" hatten,
zeigt sich durch das Wirken der Wegbereiter in den einzelnen Ländern und vor allem durch das Kommen des
Gottessohnes Jesus Christus selbst.

Daß sich in alten Zeiten Menschen aus einem Bedürfnis,
etwas anzubeten, selbstgemachte *Götzen* schufen, wie Baal
und Tausende andere, sofern sie nicht zur Machtausübung
von Priestern oder Stammeszauberern ins Leben gerufen

wurden, zeigt, daß ein natürliches Grundbedürfnis nach etwas Höherem im Menschengeiste liegt. Er selbst ist ja auch von seiner geistigen Herkunft eigentlich „außerirdisch", und dieses Wissen liegt in ihm, wenn auch unbewußt. Es bestätigt sich immer wieder, daß dieses Verlangen etwas ganz Natürliches ist, denn in frühen Kulturen kann sicher noch nicht von *Indoktrinierung* gesprochen werden.

Auch unsere Zeit hat ihre Götzen!
Es gibt genügend, was wir heute anbeten und das wir über alles stellen! Vor allem das Geld, vielleicht das Auto, Essen und Trinken, Sexualität, einen Menschen und vieles mehr. Auch das Anbeten eines geschnitzten Kruzifixes kann man als Götzendienst sehen, sofern dieses nicht nur als ein Symbol betrachtet wird.
Hier zeigt sich wieder einmal die Weisheit, die in den Geboten liegt, die Moses aus der Hand Gottes empfangen durfte.

> Das erste Gebot: *„Ich bin der Herr, dein Gott! Du sollst nicht andere Götter haben neben mir!"*

Das vornehmste der Gebote ist ein wahrhaft guter Rat, nicht weil Gott Bewunderer bräuchte, sondern um den Blick nach *oben* zu richten, denn die Befolgung dieses Gebotes schützt vor einer unnötigen Bindung an die Grobstofflichkeit.

Daß zu allen Zeiten menschlicher Entwicklung die Lichtführung auch die nötigen Hilfen bereit hatte, zeigt eine im höchsten Grade informative Bücherreihe, in der das

154

Leben der einzelnen Wegbereiter noch einmal aufgerollt wird.

Text im Einband der Bücher:

„Die Bücher der Wegbereiter haben zur Aufgabe, die Erkenntnis der großen einheitlichen Führung aus dem Licht zu vermitteln, durch welche die Menschheit stufenweise in Jahrtausenden mit Sorgfalt zum Licht-Erkennen geführt werden sollte.
Dies war die Aufgabe der Wegbereiter: Hjalfdar in vorgeschichtlicher Zeit, Zoroaster in Iran, Laotse in China, Buddha in Indien, Mohammed in Arabien.
Ihre Lehren waren einst von Gott gewollt, ihren Völkern und Ländern genau angepaßt und nach ihrer jeweiligen Geistesreife geformt.
Die Niederschriften über die Schicksale dieser Wegbereiter zeigen in klarer Sicht, frei von Vorurteilen und Entstellungen, deren Erdenleben, ihr Werden und Wirken im Dienste des Lichts und ihr heißes innerliches Ringen so, wie es gewesen ist; denn die Zeit ist gekommen, daß sie im Ringschluß aller Geschehen Zeugnis geben für das Wort der Wahrheit, das von den Menschen immer wieder verbogen wurde."

Wegen der einmaligen und wunderbaren Aufklärung, die diese Werke bringen, sind sie hier im einzelnen aufgeführt! Für Ägyptologen und andere Geschichtsforscher sind sie eine wahre Fundgrube!

Wegbereiter: Ephesus, Zoroaster, Laotse, Buddha, Mohammed

Ein Stück Menschheitsgeschichte wird wieder lebendig in drei Bänden: „Verwehte Zeit erwacht"
Bd. I, Krishna, Nahome, Kassandra, Maria von Magdala
Bd. II, Atlantis, Das Reich der Inkas, Abd-ru-shin, Kassandra, Johannes der Täufer, Jesus von Nazareth
Bd. III Ägypten, Nemare, Pharaonen, Unbekanntes aus dem Leben des Gottessohnes Jesus, die Apostel
Desgleichen in dem Buch:
Aus verklungenen Jahrtausenden
Moses, Das Leben Abd-ru-shins auf Erden, Maria, Das Leben Jesu auf Erden.

Herausgeber der Wegbereiter-Bücher = Stiftung Gralsbotschaft Stuttgart

„GOTT" *die unfaßbare Dimension*

Die Größe Gottes zu erkennen ist uns Menschen kaum möglich, sind wir doch nur ein Teil seines Werkes.
Die Dimensionen, die sich uns Stück für Stück erschließen, sind von solch gewaltigen Ausmaßen, daß es dem menschlichen Geist nahezu unfaßbar bleibt! Jetzt ist das, was wir heute erkennen können, nur ein minimaler Teil der *stofflichen* Schöpfung, die sich aus sieben Weltenteilen unvorstellbarer Größe zusammensetzt.

In den Offenbarungen spricht Johannes von ebendiesen Weltenteilen, die auch die sieben Leuchter genannt werden, mit Namen Ephesus – der Weltenteil, in dem wir leben, Thyatira, Smyrna, Laodizea, Philadelphia, Pergamon und Sardes. Es schwingen sieben Weltenteile im Schöpfungskreislauf, und unsere Wahrnehmung ist angesichts dieser Größenordnung nicht mehr als ein Stecknadelkopf im Schwingen dieser Schöpfung.

Lassen Sie uns nun zum Abschluß eine kleine Reise durch das Weltall unternehmen.

„Reise ins Weltall
Gott – Weltall – Mensch"

Von Johannes Maria Lenz

„Diese *Reise ins Weltall* will uns begeisternd die Größe und Herrlichkeit Gottes ahnen lassen.

Erde – Mond – Planeten

Willkommen auf unserer Reise – zunächst im Sonnenreich.
Der Umfang der Erde beträgt 40.075 km, ihr Durchmesser 12.756 km, ihr Gewicht 6000 Trillionen Tonnen, ihr Rauminhalt 1.083 Trillionen m³, die Oberfläche 510 Millionen km² Wasser 361, Festland 149. Die Erdkruste ist etwa 100 km dick.

Der Erdkern ist ein bisher unenthülltes Geheimnis. Das Erdalter an die 5 Milliarden Jahre.

Unser Erdmond: 356 – 407.000 km entfernt, zählt rund 38 Millionen km² Oberfläche. Erste Mondentfernungsmessung mit Radarstrahlen: 10.01.1946 (USA), Klima: + 150 Grad im Sonnenlicht und – 130 Grad im Schatten und auf der Nachtseite.

Die Erde ist 50mal größer und 81mal schwerer als ihr Mond. Er selbst ist (beiderseits) eine trostlose Wüste: ohne Wasser, ohne Luft, ohne Leben.

Etwa 200.000 Rundformen („Krater") sind am Mond, Gebirge bis zu 6000 m hoch, und 9 große Ebenen („Meere").

Hier seien noch die 5 großen Pioniere der Erforschung des Sonnenreiches genannt – geniale und zugleich gottbejahende Menschen: Nikolaus Kopernikus (1473 – 1543), Tycho Brahe (1546 – 1601), Galileo Galilei (1564 – 1642),

Johannes Kepler (1571 – 1630), Isaak Newton (1643 – 1727).

Unsere Sonne
Sie ist ein sogenannter Fixstern. Ihre Größe (Rauminhalt) beträgt über 1.300.000 Erdgrößen. Die Sonne ist 750mal schwerer als alle Planeten zusammen – trotz Jupiter und Saturn.

Unsere Mutter Sonne bewirkt durch ihre verschiedenen Strahlen (Lichtstrahlen und Wärmestrahlen) alles Leben auf Erden, obwohl die Erde nur den 2220 millionsten Teil ihrer Gesamtstrahlung erhält. Vom Reiche dieser Strahlen ist dem freien Auge nur ein kleiner Ausschnitt sichtbar. Ihm verdanken wir den farbenreichen Anblick aller Herrlichkeit, die wir auf Erden zu schauen vermögen.

Während das Vollmondlicht für uns der Leuchtkraft von 130.000 Sternen erster Größe gleichkommt, wird es von der Sonne 570.000 mal übertroffen. – Ungeheuer ist auch ihr Gewicht: 2000 Quadrimillionen Tonnen.

„Die Sonne ist nur ein Schatten GOTTES" (Michelangelo)... die, Licht uns spendend, den Tag erneuert. Wie schön und strahlend ist sie! Gewaltig an Pracht, spiegelt sie DICH, oh Höchster, uns wider! (Franz v. A. im „Sonnengesang)"

****

Um uns nicht zu überfordern, genügt schon dieser kleine astronomische Ausblick, um zu ahnen, über was wir hier sprechen. Carl Sagan hat recht, daß hier kein kleiner Maßstab angewendet werden kann noch darf, wenn wir über „GOTT" und die Schöpfung sprechen!

Viele Menschen waren schon begnadet oder von göttlichem Geist so inspiriert, daß sie etwas empfinden konnten von dieser Ursubstanz des eigentlichen Lebens, die sich uns, die wir als Kreaturen eingebunden sind in diese Schöpfung, in unvorstellbaren räumlichen Ausdehnungen, in einem *vollkommen* funktionierenden System und einer selbsttätig wirkenden Ordnung zeigt!
Wer dies nur zum kleinsten erfaßt, muß sich beugen vor der Weisheit des Schöpfers, vor der Schönheit, vor der gewaltigen, unfaßbaren Kraft, die sich im kleinsten wie im größten offenbart. Wir stehen staunend vor diesem Werk, das Gottes Allmacht und auch seine Liebe zu den Geschöpfen widerspiegelt.

****

Hildegard von Bingen hat schon 1106 als zehntes Kind einer in Bermersheim ansässigen Adelsfamilie in der Obhut einer Klausnerin ihre ersten Visionen. 1136 wird sie Äbtissin eines Benediktiner-Ordens. Unter dem Eindruck einer großen Vision beginnt sie mit der Niederschrift eines ihrer Hauptwerke *Scivias* (Wisse die Wege), in dem sie eine eigene Anthropologie und Theologie entwickelte.
1150 gründet Hildegard v. Bingen das Kloster Ruppertsberg bei Bingen und beginnt 1151 mit der Abfassung der naturwissenschaftlichen Schrift Physika und der Heilkunde Causae et curare.
Heute gilt sie vor allem auch als eine Visionärin ersten Ranges. Und die Erkenntnisse, die sie vermittelt über eine dem Menschen gemäße Ernährungsweise, haben bis heute Gültigkeit.

Uns interessiert hier die Visionärin. Ihr Text fügt sich wunderbar in unsere Betrachtungen ein.

Aus den Offenbarungen, aufgenommen von Hildegard von Bingen (1098 – 1179):

„Ich bin die höchste und feurige Kraft. Ich habe jedweden Funken von Leben entzündet. Ich entscheide über alle Wirklichkeit. Ich leuchte über die Schönheit der Fluren und in den Gewässern und brenne in Sonne, Mond und Sternen. Und so ruhe ich in aller Wirklichkeit verborgen als feurige *Kraft*. Alles brennt allein durch Mich, so wie der Atem den Menschen unablässig bewegt. Ich bin das ganz heile Leben. Das Leben hat seine Wurzel in Mir. Die Vernunft ist die Wurzel, das tönende Wort erblüht aus ihr. Da Gott nun Vernunft ist, wie könnte es geschehen, daß Er nicht am Werke wäre, Er, der doch jedes Seiner Werke aufblühen läßt durch den Menschen. Er schuf ihn nach Seinem Bild und Seiner Ähnlichkeit und zeichnete jedes Seiner Geschöpfe nach festem Maß in diesen Menschen. Das ewig sich gleichbleibende Leben bin Ich, ohne Ursprung und ohne Ende. Ebendies Leben ist Gott, stetig sich regend und ständig am Werk, und doch zeigt sich dies eine Leben in dreifacher Kraft. Denn die Ewigkeit wird der ‚Vater‘ genannt, das Wort der ‚Sohn‘, der Hauch, der beide verbindet, der ‚Heilige Geist‘. Und so hat es Gott auch im Menschen gezeichnet; in ihm sind der Körper, die Seele und die Vernunft. Als Gott sprach: ‚Es werde!‘, da hüllten sich die Dinge in ihre Gestalt, so wie sie sein

Vorherwissen vor der Zeit körperlos geschaut hatte. Die Liebe hat ihr Werk vollkommen gemacht, ganz allmählich und mit großer Umsicht, damit keine Schwäche bleibe, alles vielmehr vollendet sei. Es steht geschrieben: ‚Der Geist des Herrn erfüllt den Erdkreis.‘ Alle Kreatur hat Sichtbares und Unsichtbares an sich. Was man sieht, ist schwächlich; mächtig und lebensstark aber ist das Unsichtbare, das geistige Leben. Meine Kraft gab allem Leben in jeder Art von Schöpfung. Das Leben, das ich schuf, besaß die Fülle der Fruchtbarkeit zur weiteren Entwicklung der Geschöpfe. Meine Feuersglut ist am Werke: Gottes Macht ordnet und lenkt über alles Erkennen und Denken der Geschöpfe hinaus in der Herrlichkeit seiner Mysterien und Geheimnisse das All.“

Schlußwort

Auf vieles könnte hier noch eingegangen werden, was Richard Dawkins in seine Betrachtungen einbezieht. Aber um das Ganze nicht unnötig in die Länge zu ziehen und dabei das Wesentliche aus den Augen zu verlieren, beschränke ich mich hier auf die Kernaussagen.

Mein Anliegen ist es, ein Zeugnis *für* die *Existenz Gottes* abzugeben, das darüber hinaus für klares, sachliches Überlegen, wie ich hoffe, ein Fundament abgeben kann, auf dem jeder selbst weiterzubauen vermag. Die vorhandenen Zeugnisse, die von GOTT als dem Schöpfer aller Dinge sprechen, sind in einer so großen Fülle vorhanden, daß man schon mit verschlossenen Augen und Sinnen durch diese *einmalige Welt* wandern muß, um sie *nicht* zu sehen!

Die immer gleichbleibenden „Gottgesetze", welche in der Schöpfung fest verankert sind, bilden die sichere Grundlage für unsere Betrachtungen. Diese unveränderlichen, festen Konstanten haben es auch mir ermöglicht, die Dinge richtig einzuordnen, wie es die Leser dieses Buches an meinen Ausführungen vielleicht schon erkennen können!

Wir stehen nun am Zenit eines Zeitabschnittes, der ein für die Menschen notwendiges Wissen und auch eine nie dagewesene Möglichkeit zur Bewußtseinserweiterung mit sich bringt! Der Zeitgeist erfordert es einfach!

Wenn es mir hier möglich wurde, dieses Buch zu schreiben, ein von seinem Anspruch her beinahe unmögliches Unterfangen, so verdanke ich tiefe Einblicke in das Wirken der Schöpfung vor allem einem Buch: der Gralsbotschaft im „Lichte der Wahrheit" von Abd-ru-shin. Der Inhalt dieses Werkes hilft schnell aus allen Irrtümern heraus und ergänzt unser bisher sehr lückenhaftes Wissen in geradezu wunderbarer Weise. „Wenn das Vollkommene kommt, wird das Stückwerk aufhören!" Ist uns nicht genau *das* durch den Apostel Paulus verheißen? Und weshalb sollte diese Verheißung nicht genau heute in Erfüllung gehen?

Mein besonderer Dank gilt auch allen lichten Helfern, die zum Gelingen dieses Buches mit der Inspiration, den Ermunterungen und guten Ratschlägen wesentlich beigetragen haben; denn auch sie sind von dem Wunsche beseelt, daß es endlich Licht werden möge in den Herzen der Menschen.

Quellenhinweise

Richard Dawkins: „Der Gotteswahn"
Abd-ru-shin: Gralsbotschaft, „Im Lichte der Wahrheit"
Bibel: Altes Testament
Bibel: Neues Testament
Herbert Vollmann: „Wissen für die Welt von morgen"
Johannes Maria Lang: „Reise ins Weltall"
Wernher von Braun: „Die Enden der Parabel"
Carl Sagan: „Pale Blue Dot"
Charles Darwin: „The Origin of Species"
John Eccles: „Das Ich und das Gehirn"
Julian Baggini: „A Very Short Introduction"
M+W March: „Gedanken sind Kräfte"
Saint Exupéry: „Der kleine Prinz"
Ephraim Kishon: „Picassos süße Rache"
Kurt Goetz: „3 x Täglich, Rezepte von Kurt Götz"
Herman Hesse: „Das Glasperlenspiel"

Wegbereiterbücher Herausgeber: Stiftung Gralsbotschaft
Stuttgart

www.ingramcontent.com/pod-product-compliance
Lightning Source LLC
Chambersburg PA
CBHW031847090426
42741CB00005B/392